NLP, 행복코드로 세팅하라

호리이 케이(堀井 惠) 지음 / 유기섭 감수 / 심교준 옮김

한언 HANEON.COM

NLP, 행복코드로 세팅하라!

2004년 9월 25일 1판 1쇄 펴냄
2021년 5월 27일 2판 2쇄 펴냄

지은이 호리이 케이
옮긴이 심교준
펴낸이 김철종

펴낸곳 (주)한언
출판등록 1983년 9월 30일 제1-128호
주소 서울시 종로구 삼일대로 453(경운동) 2층
전화번호 02)701-6911 **팩스번호** 02)701-4449
전자우편 haneon@haneon.com **홈페이지** www.haneon.com

ISBN 978-89-5596-606-0 03300

* 이 책의 무단전재 및 복제를 금합니다.
* 책값은 뒤표지에 표시되어 있습니다.
* 잘못 만들어진 책은 구입하신 서점에서 바꾸어 드립니다.

* 본문 일러스트레이션 마끼노 히데미(牧野 秀美)

이 도서의 국립중앙도서관 출판예정도서목록(CIP)은 서지정보유통지원시스템 홈페이지
(http://seoji.nl.go.kr)와 국가자료공동목록시스템(http://www.nl.go.kr/kolisnet)에서
이용하실 수 있습니다.(CIP제어번호: CIP2019010194)

NLP, 행복코드로 세팅하라

　NLP가 제공하는 것, 그것은 한 마디로 우리들이 자연인, 혹은 직업인으로서 생활의 여러 분야에서 도전을 거듭하여 목표를 달성하는 데 필요한 실용적인 기술, 혹은 지식이라고 할 수 있다. NLP기법은 우리 자신이나 가족, 또는 직장의 동료들에게 보다 좋은 미래를 창조할 수 있게 해주는 강력한 수단이다.

　NLP는 많은 분야에서 다양하게 응용되고 있는데 특히 개인적인 목표달성, 가족문제의 해결, 학습이나 창조성의 향상, 심신의 건강 증진, 그리고 비즈니스의 발전에 많이 사용되고 있다. 1970년대에 미국에서 시작된 NLP는 사람의 변화를 불러일으키는 기술로서 대단히 효과가 높기 때문에, 오늘날에는 세계 각국에 널리 보급되어 있다.

　이 책은 어떤 사람에게나 중요하게 여겨지는 인간관계에 초점을 맞추어 NLP를 통하여 실제로 해결할 수 있고, 또 해결했던 사례를 구체적으로 소개하고 있다. 특히 가족문제는 세계 어느 지역에서도 대단히 중요한 분야이다. 학교에 가지 않으려는 것, 교내폭력,

왕따, 가정붕괴, 가족간 커뮤니케이션 갈등 등으로 대표되는 가족 문제는 청소년의 행동에 극적인 영향을 미치는 경우가 많다.

이러한 현상, 즉 어린이나 청소년, 또는 그들이 어른이 된 뒤조차 계속 문제를 일으키는 것은 그들의 부모나 주위의 어른이 어릴 때부터 아무 생각 없이 던져온 금지나 제한의 말에 의하여 그릇된 신념을 그들에게 심어 준 것이 그 원인이다. 이 책에는 이 같은 가족문제에 대한 대응과 해결을 촉진하기 위한 많은 효과적인 NLP 스킬과 테크닉이 설명되어 있다.

따라서 독자 여러분은 이 책을 통하여 인간관계의 질을 증진시키고, 커뮤니케이션 능력을 높여 문제를 해결하고, 가족환경을 보다 좋게 하기 위한 심플하면서도 매우 실용적인 방법을 배울 수 있을 것이다.

이 새롭고 실용적인 NLP 책은 독자들의 NLP 학습을 더욱 풍요롭게 하는 데에도 공헌할 것이다. 그리고 사람들의 일상생활을 향상시키는 데도 큰 도움이 될 것으로 확신한다.

캘리포니아 산타크루즈
NLP 유니버시티

로버트 딜츠(*Robert Dilts*)

몇 해 전의 일이다. 수능고사에서 최고득점을 한 학생의 인터뷰 방송이 기억된다. 어머니가 행상을 하며 너무나 고생을 하시는데 그 고생을 덜어드리는 유일한 방법은 자기가 열심히 공부하는 것이라고 생각했다는 내용이었다. 물론 과외 같은 것은 꿈도 꾸지 못할 처지였다.

그런데 얼마 전에 가족에 이끌려서 마지 못해 본인을 찾아 온 고등학교 2학년 학생이 있었다. 학교를 자퇴하겠다는 것이었다. 이미 얼마 동안 학교에 나가지 않고 있었다. 막노동을 하는 아버지로부터 받는 용돈이 얼마되지 않아서 친구들과 어울릴 수 없다는 것이 그 이유였다. 지금도 밤에 업소에서 손님을 안내하는 아르바이트를 하며 돈을 벌며 잘 지내고 있는데 꼭 학교를 다녀야 하는 까닭이 무엇이냐고 항변하였다. 부모는 애간장이 타지만 어찌할 도리가 없었다. 그래서 이렇게 가족이 겨우 끌고오다시피 데리고 왔다는 것이었다.

어려운 가정 환경은 비슷하였지만 그에 대처하는 두 학생의 반응은 정반대였다. 사람은 있는 그대로의 현실에 대하여 반응하는 것이 아니라 자기 나름대로의 지각된 현실에 대하여 반응한다는 것이 NLP의 대전제이다. 즉, 사람은 현지(現地)가 아니라 지도(地圖)에 반응한다는 것이다. 현실의 지각에 영향을 미치는 요인은 수없이 많다. 특히 성장과정에서 거치는 경험에 따라 크게 영향을 받는다. 그 과정에서 각 개인에게 독특한 자기인식과 신념 및 가치관이 형성되고 행동양식이 나타나게 되는 것이다.

첫머리에 언급한 예는 비교적 강하게 인상을 받았던 사례에 불과한 것이고, 전문적인 도움을 필요로 하는 사람들은 남녀노소를 막론하고 우리 주변에 헤아릴 수 없을 만큼 많다. 이런 문제에 부딪혔을 때 NLP는 개인의 성장을 도와 그들을 긍정적으로 변화시킬 수 있는 커뮤니케이션 기법이라고도 할 수 있다. 이 기법은 언어학, 심리학 및 신경생리학 등의 연구를 토대로 하여 개발된 것으로 다양한 문제에 시달리는 사람들의 각각 다른 언어 패턴과 그들에게서 관찰되는 비언어적 행동을 분석하고, 그들의 내적 사고과정에서 작용하는 요인들을 재배열함으로써, 그들의 느낌, 사고 및 행동을 바람직한 방향으로 바꾸어 주는 일을 가능하게 하는 매우 실용적인 스킬이다.

그렇지만 이 기법을 적용하여 효과를 거두기 위해서는 이 기법을 배워서 알고 있다(기억하고 있다)는 것만으로는 부족하다. 무엇을 '안다'고 하는 표현은 누구나 흔히 쓰는 표현이지만, 사실 그 구체적인 내용은 매우 애매한 경우가 많다. 좋은 도구가 있고 그 사용 방법을 알고(이해하고) 있다는 것만으로는 좋은 제품의 생산을 보장하지 못하는 것과 마찬가지 이치이다. 아무리 좋은 도구라도 많은 수련을 쌓은 장인의 손에 쥐어졌을 때에만 비로소 명품이 탄생될 수 있는 것과 마찬가지로….

NLP 역시 효과적으로 활용하기 위해서는 적지 않은 훈련과 경험이 필요하다. 본인 또한 이 기법을 활용하면서도 항상 자기의 부족함을 절실하게 느끼고 있었다.

그러던 차에 우연히 호리이 여사의 저서를 읽게 되었다. 이 책이 일본에서 출판된 지 얼마되지 않아서 였다. 그리고 본인은 이 책을 여러 번 반복해서 읽었다. NLP 기법의 실제 상황에서의 활용에 참으로 도움이 되었기 때문이다.

이 책에는 NLP에 대한 이론뿐만 아니라 저자가 몸소 체험한 여러 가지 문제 해결 과정까지 상세하게 서술되어 있다. 게다가 다양한 기법을 익힐 수 있는 엑서사이즈도 함께 제시되어 있어 NLP를 처음 대하는 독자라도 부담없이 읽을 수 있고, 많은 도움을 받을 수 있다. 그런 까닭으로 이 책을 우리나라의 많은 독자들도 읽을 수 있었으면 하고 늘 생각하고 있었다. 그러던 차에 심교준 선생으로부터 이 책을 번역한 원고를 검토해 달라는 부탁을 받게 되었다. 본인이 미처 하지 못한 일을 대신해 주었다는 반가운 마음으로 읽어 보았다.

심교준 선생은 이 책의 저자로부터 프랙티셔너, 마스터 프랙티셔너 과정을 직접 지도 받았을 뿐만 아니라 트레이너 과정까지를 마친 분으로 원작에 매우 충실하여 저자의 의도를 훌륭하게 전달하고 있다.

　이 책은 독자 여러분들 스스로 정신과 행동의 변화를 체험하게 하여 다시 태어나는 것과 같은 새로움을 느낄 수 있도록 할 것이다. 특히, 카운슬링과 교육분야에 종사하는 전문인들은 자신의 기능을 최대한 높이고 발전시키는 데 큰 도움을 받을 수 있을 것이다.

　부디 NLP를 일상생활에서 유익하고 편리하게 활용할 수 있는 꿈의 종합공구 세트로 삼아 독자 여러분들의 삶에서 일어나는 문제와 갈등들을 현명하게 해결하여 보다 풍요롭고 행복한 최고의 인생을 실현하는 데 커다란 힘을 얻기를 바란다.

유 기 섭
(중앙대학교 명예교수)

최고의 삶, 엑설런트 라이프로의 항해를 시작하며

부부가 함께 NLP를 열심히 공부하는 가정에서의 일이다. 어느 날, 그 부부의 집에 한 가족이 방문하였는데 그 가족의 아버지는 아이에게 스파르타식으로 교육하는 것을 원칙으로 생각하는 사람이었다. 이 두 가족은 저녁 식사를 하려고 식탁에 둘러앉았고 부모와 함께 온 다섯 살짜리 아이는 작은 펭귄 모양의 젓가락 받침이 놓여있는 것을 보자, 그것을 가지고 놀기 시작했다. 동물원이나 남극에서 펭귄을 만나 함께 노는 기분이 되어 펭귄과 이야기를 하고, 뒹굴리고, 일으켜 세워 점프를 시키는 등 완전히 몰두하여 놀고 있던 아이는 그만 실수로 펭귄을 식탁의 된장찌개 속으로 퐁당! 빠뜨려 버렸다. 아이는 파랗게 질려 겁먹은 눈으로 언제 손찌검이 날아올까 하고 아버지의 안색을 살폈다.

아이의 아버지는 한 순간 아기를 노려보았지만, 즐겁게 놀고 있던 아이의 웃는 얼굴이 어느새 공포에 가득 찬 얼굴로 바뀐 것에 문득 생각이 미쳤다. 그리고 남의 집이었으므로 언제나처럼 때리거나 꾸짖지도 못하고, 어떻게 해야 할지 난처해 하고 있었다.

그러자 NLP를 공부하고 있던 집주인이 아이에게 말을 건넸다.

"얘야, 얼른 펭귄을 도와 주어야지."

아이는 기다렸다는 듯 기뻐하며 펭귄을 된장찌개에서 건져내었고, 이어서 즐겁고 화목한 분위기 속에서 저녁식사를 계속 할 수 있었다.

식사를 마치고 집주인인 친구는 아이의 아버지에게 한 마디의 말을 건넸다.

"이것이 NLP란 것이지. 찌개 속에 젓가락 받침을 빠뜨린 것은 잘못된 사실일지라도, 그것을 어떻게 보고 받아들이는가 하는 상황 인식의 차원이거든."

NLP(신경언어 프로그래밍, Neuro - Linguistic Programming)는 1970년대에 미국에서 리처드 밴들러와 존 그린더에 의하여 시작된 심리학·언어학에 바탕을 둔 새로운 사고방식이다.

신경과 언어는 밀접하게 연결되어 있다. 우리들은 이것들을 적절하게 조합하여 활용함으로써 자기에게 바람직한 상태나 간절히 원하는 것을 이룰 수 있다. NLP는 이렇게 생활 속에서 자신이 진실로 원하는 것을 성취해 낼 수 있도록 하는 대단히 실용적인 방법이다.

어떤 문제에 직면했을 때 NLP에서는 '리프레이밍(Reframing)' 기법을 사용한다. 리프레이밍은 리프레임에서 비롯된 말로서 '틀을 바꾸어 본다' 라는 의미를 가지고 있다. 즉 사물에 대한 관점의 틀을 바꾸면 새로운 것이 보인다는 것이다.

앞서 소개한 펭귄의 사례도 아버지의 상식으로 보면 젓가락 받침을 가지고 식탁에서 노는 것은 버릇 나쁜 짓, 꾸짖어야만 할 일이지만, 아이의 입장에서 보면 펭귄은 친구이고 놀이 상대이다. 그러니 펭귄을 도와주는 것은 친구를 돕는, 아주 당연한 행동이 되는 것이다.

우리들은 간혹 '이 세상이 나를 도와주지 않는다, 가족 때문에 너무나 불행하다' 고 느낄 때가 있다. 예를 들어 자녀가 학교에 가지 않으려고 한다, 음식 먹기를 싫어하게 되었다(거식증), 부부 사이가 원만하지 않다, 다른 사람 때문에 내가 직장에서 피해를 본다 등…. 그런데 사람들이 흔히 가정과 일터에서 부딪치는 여러 가지 문제들은 사실, 표면적인 어떤 사건에 의해서가 아니라, 깊은 내면의 원인에 의해서 일어나는 경우가 많다. 그럴 때 사물에 대한 관점을 바꿈(Reframing)으로써 불행한 느낌에 젖어 있다든지 문제에 빠져 진퇴양난인 상태에서, 행복을 가져오는 행동으로 자신을 바꿀 수 있다. 또한 리프레이밍을 통해 당신은 다음과 같은 질문에 대한 답을 찾을 수도 있다.

"나에게 정말 바람직한 상태는 어떤 것인가?"
"정말로 내가 원하는 것은 무엇인가?"
"무엇이 내가 이루고자 하는 것을 막고 있는가?"

이런 질문들의 답을 구하는 과정에서 당신은 자신의 의식을 바꾸고 문제에 대한 관점을 바꾸게 되며, 바람직한 상태나 원하는 것을 발견한 다음, 그것을 이루지 못하게 하는 것이 무엇인지 알아차리게 된다. 그 다음 NLP의 간단한 방법들을 이용하면 가장 바람직한 상태, 스스로 행복을 만끽할 수 있는 그런 상태를 만들어 내는 것은 아주 쉬운 일이다.

'문제에 부딪쳤다', '문제를 안고 있다'라고 할 때, 거기에는 반드시 바람직한 상태가 있다. '문제 상태'라고 인식하는 것은 '좋은 때의 상태, 정말로 원하는 것, 진짜 되고 싶은 상태'를 알고 있기 때문인데 바람직한 상태를 보지 않고 그냥 절망에만 빠져 있다면, 그것은 본인이 바람직한 상태를 알아차리지 못하고 있거나 구체적인 이미지를 갖고 있지 못하기 때문이다.

NLP에서 말하는 '바람직한 상태'란 당신 자신이 정말로 이렇게 되고 싶다고 바라는 상태이다. 반드시 상식적인, 사회윤리 차원에서의 바르고 바람직한 상태를 말하는 것은 아니다. 그리고 '원하는 것'이란 반드시 집이나 재산, 자동차와 같은 물질만이 아니다. NLP의 '바람직한 상태'는 인간관계, 행복, 혹은 살아가는 방식 등을 포함한, 정말로 당신이 저 깊은 마음 밑바닥에서부터 원하는 것이다.

문제란 '현상과 바람직한 상태'와의 사이에 있는 차이(Gap)이다. 그리고 모든 문제에는 그 간극을 메울 수 있는 해답이 반드시 있다.

여기서 해답이란 원하는 것을 그리게 하고 그것을 이루는 데 방해가 되는 것이 무엇인지 알아차리게 하며, 그것을 만들어 낼 수 있는 행동을 일으키는 것을 의미한다. 그리고 인간이면 누구나 그 해답을 찾아내는 능력을 가지고 있다.

NLP에서는 '사람은 엑설런트 라이프(Excellent Life)를 누리기에 충분한 능력(Resource)을 가지고 태어났다' 고 말하고 있다. 엑설런트 라이프란 탁월한 인생, 최고의 행복을 만끽하는 인생을 의미하는데 사물에 대한 관점을 바꾸면(Reframing) 의외의 장소에서 이 엑설런트 라이프로 가는 실마리를 발견할 수 있다. 그리고 우리들의 삶 속에서 지속적인 영향력을 행사하는 과거의 체험, 유아기에 부모에게서 들은 부정적인 말들에서 우리가 자유로울 수 있게 할 것이다. 한편 NLP는 커뮤니케이션에도 활용할 수 있다. 상대방과의 사이에 신뢰관계를 만들 수가 있고 자신의 생각을 상대방에게 전하며 상대방의 생각을 정확하게 들을 수도 있게 된다.

이 책에서는 NLP를 사용하여 가족간에 일어나는 문제나, 일상생활에서 일어나는 여러 가지 문제들을 해결하고, 엑설런트 라이프를 만들어 가는 방법과 사례를 소개할 것이다.

NLP의 사고 방식, 바람직한 상태를 그려보고 만들어 내기 위한 여러 가지 방법들을 일상생활 속에서 활용하여 당신도 최고의 행복을 만끽하는 엑설런트 라이프를 누리기를 진심으로 바란다.

지은이 **호리이 케이**(*堀井 惠*)

한국의 독자들에게

"사람은 엑설런트 라이프를 누리도록 태어났다."

이것이 이 책을 통하여 제가 많은 분들에게 전하고 싶은 메시지입니다. 저는 NLP를 가르치면서 자기 자신의 엑설런트 라이프를 살아가기 시작한 사람들을 많이 보아 왔습니다.

이번에 한국에서 저의 책을 통하여 NLP를 알릴 수 있는 기회를 얻어서 마음으로 감사를 드립니다.

엑설런트 라이프를 누리는 사람들의 테두리가 아시아에 더욱 더 넓어져 가기를 기대합니다.

CONTENTS

3. 행복으로 이끄는 나만의 커뮤니케이션

5. 모든 행동에 숨겨져 있는 긍정적인 의도

※ 책에 소개된 사례의 등장 인물들은 편의상 한국인명으로 모두 바꿨음을
　알려드립니다.

1

NLP의 목적은 모든 사람들이 행복한 삶을 누리는 것이다.

이 장은 자신이 정말 바라는 상태와 그것을 방해하는 요인들이 무엇이지 발견해 내는,

최고의 삶－엑설런트 라이프－으로 가기 위한 최초 단계들에 대한 내용이다.

자신의 소망으로 다가서다

nguistic Programming

당신의 가장 간절한 바람은 무엇인가?

당신은 실패를 어떻게 받아들이는가?

당신의 가장 간절한 바람은 무엇인가?

당신은 최고의 인생을 누릴 수 있다

사람은 누구나 '탁월한 인생, 최고의 인생(엑설런트 라이프)'을 누리기 위해 태어났다. 그런데 당신은 지금 어떤 삶을 누리고 있는가? 스스로 최고의 삶이라고, 행복하다고 느끼며 살고 있는가? 그렇지 않으면 언제라도 현재 머물고 있는 그 자리를 피하고 싶다는 마음으로 그저 그런 인생을 살고 있는가? 나의 직업은 카운슬러, 컨설턴트, 그리고 NLP 트레이너이다. 따라서 삶의 이곳 저곳에서 다음과 같은 다양한 문제를 가진 사람들이 나에게 찾아온다.

"아이가 학교에 가지 않으려고 하는데 어떻게 하면 좋을지 모르겠어요."
"요즘 남편과 자주 다투게 돼요."
"시어머니와의 불화가 심해요."
"직장 상사가 주는 스트레스 때문에 죽을 지경이에요."

"도통 일이 손에 잡히질 않네요."

사소하지만 복잡하게 얽혀들어 우리들 삶에 지대한 영향을 끼치는 이런 수많은 문제들을 어떻게 해결하면 좋을까?

이런 문제들에 부딪치면 우리는 흔히 누군가를 붙잡고 하소연하며 타인이 무언가 해결책을 찾아주길 기대하곤 한다. 하지만 어디까지나 모든 문제의 원인과 그 해결점은 자기 자신에게 있다는 것을 알아야 한다.

'사람은 누구나 자신의 문제를 해결할 힘을 가지고 있다!'

이것이 NLP가 가진 대전제 중의 하나이다. 최고의 인생을 누리느냐, 누리지 못하느냐는 어디까지나 스스로의 선택에 의한 것이고 NLP는 그 선택을 올바르게 인도하는 하나의 방법일 뿐인 것이다.

엑설런트 라이프를 누리기 위한 키워드는?

"당신은 무엇을 바라고 있습니까(What do you want)?"
"그것을 막는 것은 무엇입니까(What stops you)?"

위의 두 질문은 우리가 엑설런트 라이프를 누리기 위한 핵심 사항을 묻고 있다.

첫 번째, 정말로 바람직한 상태, 원하는 것이 무엇인지 발견한

다. 두 번째, 그것을 막고 있는 것이 무엇인지 알아차리고 개선한
다. 이렇게 하면 당신은 진정으로 행복한 최고의 삶을 누릴 수 있
게 되는 것이다.

다시 한번 떠올려 보자.

"당신은 무엇을 바라고 있습니까?"

"그것을 막는 것은 무엇입니까?"

이 두 가지 질문을 자기 자신에게, 그리고 다른 사람에게 던져보
자. 이 두 질문은 매우 간단하고 단순해 보이지만 결코 일상적이고
피상적인 대화가 아니다. 이 질문들은 상식적이고 일반론적인 사
고방식의 레벨을 넘어서, 더욱 깊은 곳으로 우리의 의식을 향하게
할 수 있는 힘을 가지고 있다.

하지만 우리는 평소에 이런 질문 대신 주로 '좋은가 나쁜가, 혹
은 바른가 틀렸는가'를 기준으로 상황을 판단하는 경우가 많다.

"아이가 학교에 가지 않아요."

"나쁜 버릇이 들었군요."

"딸애와 거의 대화가 없었던 것 같아요."

"그래서 아이가 삐뚤어지는 겁니다."

"남편과 사이가 원만하지 않아요."

"그거 안됐군요."

"김 과장 꼴보기 싫어 회사를 그만 둬야겠어."

"그래도 집에 있는 마누라를 생각해서 참아야지."

반면 NLP에서는 '사람의 모든 행동, 사건에는 반드시 무엇인가 전향적인 의미가 있다.'는 점을 강조한다. 떼를 쓰는 아이에게도, 잔소리꾼 시어머니에게도 어떤 긍정적인 의도가 숨어 있다는 것이다.

예를 들어, 어떤 아이가 식탁에서 물컵을 뒤엎는다든지 아버지가 읽고 있는 신문을 찢는다든지 하는 엉뚱하고 다소 황당무계한 일을 저지른다고 가정해 보자. 이 행동은 '좋은가, 나쁜가' 하는 레벨에서 다룬다면 분명히 나쁜 행동이다. 그리고 나쁜 행동이라고 결정해 버리면, "그런 짓을 다시는 하지마."라고 꾸짖으면 끝이다.

그러나 '좋은 행동인가, 나쁜 행동인가' 하고 판단을 내리는 일은 잠깐 옆으로 밀쳐 놓고, 먼저 아버지가 '이 아이가 정말로 바라는 것은 무엇일까? 라고 생각한다면 어떻게 될까? 이렇게 이분법적인 흑백논리에서 벗어난 사고를 단 한번만이라도 해보면 자녀가 정말로 바라는 것이 무엇인지 아버지의 눈에 자연스럽게 보이게 되는 것이다. 그렇게 한 다음에 좋은 일, 나쁜 일에 대한 선악의 룰을 가르쳐도 절대 늦지 않다. 위와 같은 아이의 버릇없는 행동들에는 '부모가 자기를 걱정해 주기를 바란다, 좀더 보살펴 주기를 바란다.'라는 의도가 있을지도 모르기 때문이다.

화가 나서 "그러지 마!"라고 꾸짖는다면, 꾸지람을 받은 이 체험은 자녀가 성장한 후 무엇인가를 하려고 할 때, 그 행동을 막는 장애 언어로 작용할 가능성이 있다. "당신이 바라는 것을 막는 것은 무엇입니까(What stops you)?"라는 질문에서 '막는 그 무엇(What)'으로 작용한다는 뜻이다.

학교에 가지 않으려는 것도 마찬가지다. 학교에 가지 않으려고 하는 행동에는 '공부가 어렵다, 따돌림을 당했다.'와 같은 어려운 일에 부딪친 자녀가 그 일을 확실하게 부모에게 말할 수 없어 학교에 가지 않는 행동으로 자신을 지키려고 하는지도 모르는 것이다.

당신을 막는 것은 무엇입니까(What stops you)?

당신이 무엇인가를 시도하려고 할 때,

'지금은 그것을 할 때가 아니야.'

'너는 아무것도 못해.'

'더욱 신중해야 되지 않겠니?'

'될지 안 될지 모르니까 차라리 그만 두자.'라는 말들이 자기도 모르는 사이, 자신의 내부에서 울려나오는 경우는 없었는가?

'너에게는 무리가 아닐까?'와 같이 자기 내부에서 울려 나오는 목소리를 듣고 정말로 하고 싶은 일을 하지 못하고 단념한 적은 없었는가? 그럴 때 그 목소리가 누구의 목소리로 들렸는가?

혹, 어렸을 때 들었던, '그런 일을 하면 안 돼.' '너 따위에게는 무리야.' '너에게는 그런 능력이 없어.'라는 부모나 학교 선생님의 말이 당신의 내부에서 울려 나오고 있지는 않은가? 무의식적으로 그런 소리를 듣고 자기가 원하는 것을 손에 넣는 것을, 정말로 하고 싶은 일을 단념한 적은 없는가?

하지만, 당신 속에는

'너라면 할 수 있어.'

'너는 사랑스러워.'

'너는 영리해.' 와 같은 말도 남아 있을지 모른다. 어머니, 아버지, 삼촌, 할머니, 선생님의 목소리로….

당신은 그런 말로 자신에게 힘을 불어넣을 수도 있다. 당신은 어떤 말을 자기에게 들려주어 자신을 격려하고, 힘을 북돋우는가?

"당신이 진정으로 바라는 것은 무엇입니까?"

"당신에게 정말로 바람직한 상태는 어떤 상태입니까?"

"당신은 정말 어떤 일을 하고 싶은 사람입니까?"

"어떤 삶을 살고 싶습니까?"

"무엇을 원합니까?"

"무엇을 위하여 어떤 사람이 되고 싶습니까?"

다시 한번 당신 자신에게 질문을 던져 보라. NLP을 사용하여 일상생활의 레벨을 넘어, 좀더 깊은 곳에서 성찰을 해보라. 그리고 그것을 방해하는 것이 무엇인지 알아차리고 그 장애물을 제거하여 최고의 행복을 누리는 삶을 시작해 보자.

간절히 바라는 미래, 그리고 과거의 체험

　여기에서 사례를 소개할까 한다. 순희 씨(가명, 36세)는 아버지의 직업 때문에 해외에서 오랜 기간을 보냈던 사람이다.

　"동생과의 관계가 왠지 원만하지 않아요. 대화하기가 힘들고, 저항감이 듭니다." 그녀는 이 상태가 아주 오랫동안 계속되고 있다고 말했다. 부모님만 해외에 계셔서 두 남매가 살림을 도맡아야 했던 학생시절에는 동생에게 도시락을 만들어 주기도 하며 보살펴 주었는데, 그때에도 왠지 그것이 어색하다는 기분이었다고 한다. 순희 씨는 동생과 기분 좋게 함께 있거나 이야기하고 싶은데도 왜 그런지 그렇게 할 수 없었다.

　어느 날 카운슬링 중에 네 살 때 영국에서의 체험이 되살아났다.

　"부모님이 두 분 다 외출 중이셨는데, 동생이 크게 다쳤어요. 그때 동생은 고작 두 살이었죠. 가정부와 함께 병원에 갔습니다만, 의사는 좀처럼 동생을 진찰해 주지 않았어요. 빨리 어떻게 해야 한다는 조급함만 가득 차 있었습니다. 하지만 영어를 할 줄 몰랐기 때문에 단 한마디도 의사에게 부탁을 할 수가 없었어요. 당시 저는 네 살이었죠."

　이런 회상과 대화를 통해 나는 순희 씨가 갖고 있는 동생에 대한 무력감이 '네 살 때의 사건'에서 비롯된다는 사실을 알아낼 수 있었다. 겨우 네 살이었던 꼬마 아이가 말도 통하지 않는 나라에서 동생에게 아무런 도움을 주지 못했다는 것은 어찌보면 당연한 일

어린시절의 체험이 어른이 된 다음의 인간관계에도 영향을 미친다.

이었지만, 그 일이 어른이 된 후에도 그녀에게 영향을 미치고 있었던 것이다.

나는 그녀에게 이 사실을 깨닫도록 해주었고, 그녀는 자신의 무의식이 자신의 행동을 오랜 세월 지배해 왔다는 것을 비로소 느끼기 시작했다. 그리고, 순희 씨 스스로가 이것을 알아차리는 순간 동생에 대한 저항감이 없어져 그 후에는 자연스럽게 이야기할 수 있게 되었다.

유미 씨(가명, 30세)는 "책 한 권을 끝까지 읽고 싶습니다. 그런데 아무리 노력해도 그렇게 할 수가 없어요."라는 문제를 갖고 있었다. "나에게 필요한 곳을 먼저 읽고 나머지는 건너 뛰어버리죠. 그 어떤 홍미로운 책도, 재미있는 책도 마치 사전을 뒤지는 것과 같은 읽기밖에 하지를 못해요."

"누구 탓으로 그렇게 되어 버렸습니까?"라고 나는 질문을 던졌다.

"내가 계속해서 읽지 못하니 제 탓이겠죠."

"읽기를 그만 두어 버리는 순간에 어떤 느낌이 드나요?"

"아 ~, 이제 모르겠어 에잇!, 하고 책을 덮어 버려요."

"아주 옛날에 이런 경험이 있었습니까?"

그녀는 잠시 생각에 잠기더니, 천천히 이야기를 시작했다.

"은행에 취직했을 때 경제신문을 읽도록 지시받았었는데, 신문을 펼치면 그 내용이 전혀 이해가 안 되고 낯선 글자처럼 느껴져 신문을 덮어 버리고 읽는 것을 그만 두고는 하였습니다. 바로 그때와 같습니다."

"그때 왜 그랬죠?"

"저는 외국에서 태어나 살다가 귀국하였기 때문에 국어에 대해서는 '무엇인가 뻥 구멍이 뚫렸다, 무엇인가 부족한 부분이 있다.'라는 느낌이 듭니다. 콤플렉스라고까지는 할 수 없습니다만…."

그녀는 계속 이어갔다.

"신문을 읽다 보면 무의식적으로 내 자신이 얼마나 모자라는지, 얼마나 아는 것이 없는지 하는 기분이 들어 능력 없는 내 자신과 마주치게 됩니다."

여기까지 이야기를 마친 그녀는 골똘히 생각에 잠겼다. 그리고는, '그래서 내가 신문을 보다가 도중에 그만 두었구나' 하고 독서를 지속하지 못하는 원인을 스스로 알아차렸다.

"영어책의 경우에는 간단한 책이라면 끝까지 읽을 수 있어요. 그래서 내년에는 영어책을 한 권 번역하려고 생각하고 있기는 한데 아무리 영어책이라도 조금이라도 딱딱한 학술적인 문장이 나오면 어려워하는 미숙한 자신을 만나게 되어 역시 불쾌한 느낌이 들곤 해요."

이 대목에서 문득 유미 씨의 안색이 밝아지더니 나를 바라보며 혼잣말처럼 탄성을 지었다.

"뭐야…, 자신의 미숙함이라든가, 좋지 않은 측면과 만나게 되면 불쾌한 기분이 드는구나. 그래서 책을 끝까지 읽을 수 없게 되는구나."

36

'누구 탓으로?' 혹은, '무슨 이유로?' 라는 질문을 카운슬링 중에 하게 된다. 이럴 때, 문제를 느끼고 있는 피상담자는 의식적으로 '다른 사람 탓으로는 돌리고 싶지 않다.' 라는 생각을 작용시켜 간단히 '내 탓입니다.' 라고 결론 내리기 쉽지만, 무의식 속에서는, '그 사람이 그렇게 말하지 않았다면…, 그 사람이 그런 일을 하지 않았다면…, 그런 일이 없었더라면…' 하고 다른 사람이나 이미 일어난 일의 탓으로 돌리는 경우가 흔하다. 무작정 '내 탓이지 뭐.' 하면서 원인을 돌려버리고 사건을 종결지어 버리는 것은 그다지 좋은 방법이 아니다. 왜냐하면 자신은 인정하려 하지 않지만 자신의 무의식 속에 차지하고 있는 진짜 원인들을 의식의 표면 위로 끌어내 확실하게 밝혀야만 '자신의 바람을 막는 장애' 가 무엇인지 알아차릴 수 있기 때문이다.

예를 들면, '어머니가 그런 것을 말씀하신 탓이다.' 라고 무의식적으로 생각하였다면 그것을 말로 나타내 보는 것이다. 그러면 '어머니 탓으로 돌려 내가 무엇인가를 하지 않는다.', 혹은 '어머니의 말씀이 나에게 스톱을 건다.' 라는 것을 알게 되어 문제가 해결되는 경우가 있다. 그렇게 하여 '자신이 어떻게 하고 싶은가' 라는 다음 단계로 나아갈 수 있는 것이다. 거꾸로, 자신의 탓이 아닌데도 '내 탓이다, 내가 나빴다.' 고 생각하면 문제를 해결하지 못하는 경우가 많다.

자신이 어떻게 하고 싶은지를 생각하는 것은 자신이 가지고 있는 능력을 찾기 시작하는 것이기도 하다.

전향적으로 미래를 생각하는 것도 습관화될 수 있다. 그렇게 되면, '정말로 자신에게 중요한 것은 무엇인가?' 가 보이기 시작하는 것이다.

예를 들면 자녀가 학교에 가지 않으려고 하여 고민하는 어머니라면, 먼저 '부모로서 내가 바라는 것은 무엇인가?' 에 대한 명확한 의식을 가질 필요가 있다. 그리고 나서 자녀와 커뮤니케이션을 하는 것이 중요하다. 이런 순서를 선택하면 자녀가 학교에 가려고 하지 않는다고 해도 자녀의 문제와 자신의 문제를 구별할 수 있게 되고 자녀가 하는 말이나 행동에 휘둘리지 않는 부모와 자녀 관계를 만들 수 있다. 그리고 궁극적으로는 자녀가 정말로 바라는 것이 무엇인지를 들을 수 있게 된다.

문제와 갈등이 '정말로 원하는 것' 을 준다

'당신이 바라는 것은 무엇입니까? 당신에게 바람직한 상태는? 당신이 원하는 것은? 당신이 하고 싶은 것은 무엇입니까?'

이러한 것에 대하여 구체적인 답을 찾을 수 있어야 한다.

'정말로 내가 바라는 것은 무엇일까?, 나에게 무엇인가 문제가 있는 건 아닐까?' 라는 질문에 부딪쳤을 때 마치 거대한 벽을 마주한 느낌이 드는 사람들이 많을 것이다. 문제란 현재의 상태와 바람직한 상태와의 사이에 있는 차이(Gap)일 뿐이다. 문제에는 반드시 해답이 있다. 그러므로 문제에 부딪쳤을 때라는 것은, 곧 '숙제가 주어진 때' 라고도 할 수 있을 것이다. 문제에 부딪쳤을 때에는 그

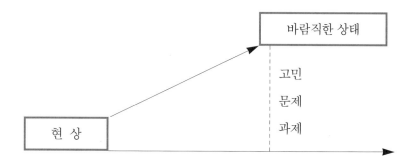

바람직한 상태를 설정하고 현상을 파악하면 문제가 보인다.
거기에는 반드시 해결책이 있다.

문제의 긍정적인 의도(유익한 전향적인 의미)를 찾아 문제를 해결하
고 극복하기 위하여 자신이 가지고 있는 능력이나 재능을 찾으려
는 과정이 중요하다. 거기에서부터 자신이 정말로 바라는 것을 발
견하고 재검토할 수 있게 되는 것이다. 그런 과정을 통해 결국은
인생의 궁극적이고 본질적인 사명도 깨닫게 된다.

　이제부터 소개하는 사례는 소년교도소에서 출소한 어느 소년의
이야기이다. 소년은 무슨 질문을 해도 "모른다구요!", "난 그딴 거
몰라요!"와 같은 말밖에 하지 않았고 그 또래 아이들이 흔히 그렇
듯이 모든 것을 자신의 마음에 드는지 안 드는지, 혹은 기분이 좋
은지 나쁜지에 따라 판단하였다. 또한 "면허를 따고 싶다.", "오토
바이를 갖고 싶다.", "차를 사고 싶다." 등의 욕망들도 단순한 감각
적인 차원에 머물고 있었다. 차를 가짐으로써 정말 무엇을 얻으려
고 하는지에 대해서는 깊게 생각해 보지 않은 것이다. 그래서 나는

"너는 정말로 뭘 원하니?, "어떻게 하고 싶니?"라고 집요하게 질문을 했고 그 소년은 점점 구체적인 얘기를 꺼내기 시작했다.

"친구들 사이에서 인정을 받고 싶었어요. 무엇인가 남의 눈에 띄는 나쁜 짓을 하면 그 안에서 영웅이 될 수 있거든요…"
그리고 나서 소년은 뜻밖에도 "떳떳이 고교에 진학하고 싶다.", "대학에도 들어가고 싶다."라는 말도 했는데 이것은 하나의 커다란 진전이었다. 그 소년이 자신이 정말 원하는 것을 밖으로 드러낸 것은 그때가 처음이었기 때문이다.

이렇듯 자신의 의식 중 가장 깊은 곳, 즉 자신의 무의식에 눈을 돌려 자신이 정말로 원하는 것, 바람직한 상태가 무엇인지를 진지하게 탐구하고 발견하는 것이 모든 문제해결의 실마리가 될 수 있다.

당신은 실패를 어떻게 받아들이는가?

실패는 행복의 기회이다

아이에게 무엇인가 주의를 주었을 때, '시끄러워요, 잔소리 지겹다니까요!'와 같은 대답을 듣고 실망했다든지, 화가 치밀어 오른 경험이 있습니까?, 혹은 방에 틀어박힌 자녀에게 아무리 말을 걸어도 무시당했던 일….

그럴 때, '무엇 때문에 우리 아이가 이렇게 되었을까? 교육방식이 잘못 되지는 않았는지? 내가 부모로서 무엇을 잘못한 걸까?' 하고 당황스러웠던 기억이나 낙심했던 때는 없었습니까?

또, 직장에서 실수를 하여 '회사에 폐를 끼쳤다, 상사에게서 미움받게 되지는 않을지? 모두 자기를 어떻게 볼까? 출세에 지장 있다.' 라고 생각되어 갑자기 맥이 빠진 일은 없었습니까?

부부싸움이 잦다든지, 부부 사이가 나쁘게 되었다든지, 자녀가 학교에 가지 않으려 하거나 식사장애나 폭력을 일으킨다든지…. 일상생활에는 이렇게 온갖 실패나 문제가 돌출하곤 한다. 그래서 갑자기 기운이 빠지고 기분이 나빠지고 당황해 하곤 한다. 그럴 때면 우리는 흔히 '그 따위 짓을 하지 않았으면 좋았을 텐데.' 라고 체념과도 같은 반성을 하게 된다.

하지만 당신에게 벌어지는 좌절이나 실패의 경험들은 그리 최악이 아니다. 물론, 그 순간 최악이라는 생각으로 체념이나 좌절감을 느끼는 것은 당연할 수 있다. 그러나 가장 중요한 사실은 그런 상태로는 그 어떤 해결의 실마리도 발견할 수 없고 발전적인 다음 행동을 할 수가 없다는 것이다.

조금만 냉정하게 생각해 보자. 조금만 사건에서 멀리 떨어지면 '자, 다음에는 어떻게 하면 좋은가?' 라고 생각할 수 있고 한 걸음 더 나아가 실행으로도 옮길 수가 있다.

현실적으로, 이렇게 조금 냉정하게 되는 것이 어렵긴 하지만 NLP를 사용하면 큰 도움이 될 수 있다. 하나의 문제에 빠져 있다든지 현재의 상태에서 헤어나지 못할 때, 지금 밟고 있는 이 상태에서 벗어나 선의(善意)의 제3자로서 객관적으로 자기를 돌아보거나 문제를 볼 수 있도록 의식을 변화시키는 것이다.

이렇게 하여 다음의 행동을 하기 시작했을 때, 지금까지 자신을 낙심에 빠뜨리고 있던 실패 경험은 거꾸로 귀중한 배움으로 바뀌는 것이다. '이전에는 그렇게 하여 잘 안 되었으니까 이번에는 이렇게 해보자.' 와 같이….

다시 말해, 실패라는 것은 없다. 실패에 깃들어 있는 것은 오직 새로운 배움뿐이다. 당신이 실패라고 생각한 체험, 주위 사람이 실패라고 말하는 체험, 그것은 '다음에는 이렇게 해보자.' 라는 지혜를 얻는 찬스인 것이다. 이처럼 실패를 배움으로 바꾸는 찬스의 축적이 그 사람을 지혜로운 존재로 만들고, 궁극적으로 최고의 행복을 누리는 삶으로 안내하는 것이다.

'아이 교육에 실패하였다, 부부 사이가 원만하지 못하다, 결혼에 실패할지도 모른다, 사업에 실패하였다.' 라고 생각된다면 이것은 분명히 커다란 문제이다. 그러나 당신이 조금만 지혜롭다면, 조금만 냉정하다면 그런 모든 문제조차 커다란 배움으로 활용할 수 있다.

이럴 때 문제의 대상이 되는 사람(예를 들어 자녀나 배우자)와 새삼스럽지만 진실하게 서로 마주보고 대화를 해보면 어떨까? 실패에서 또 다른 것을 배운다는 자세로 진지한 대화를 나누어 보아라. 사업에 실패한 체험도, 이제부터의 인생에서 커다란 양식이 될 수 있다. 실패의 경험을 낙심의 이유로 삼을 것인가, 배움의 양식으로 삼을 것인가는 당신의 선택에 달려 있다. 그것을 위해서는 자신의 의식을 바꾸는 것, 그리고 사람들과의 대화(커뮤니케이션)의 방식을 연구하는 것이 큰 도움이 된다. 이런 마음을 가졌을 때야말로 당신에게 NLP의 도움이 필요한 것이다.

유연성을 가지고 선택지(選擇肢)를 늘린다

엑설런트 라이프로 가는 데 필요한 또 다른 원조자는 유연성이다. 유연성은 NLP 사고방식의 중요 요소 중 하나로 어떤 일을 하는 데 한 가지 방법이 실패했다고 해서 낙심하거나 포기하지 않고 다른 방법으로 계속 시도해 보려는 사고방식이나 태도를 말한다. 이 유연한 사고방식을 몸에 익혀두면 실패를 두려워한다든지, 이미 실패하여 어쩔 수 없게 된 것에 지나치게 구애되어 앞으로 나아가지 못하게 되는 일이 차차 적어지게 된다. 그리고 스스로 만족하는 결과에 이르기까지 끈기 있게 자신의 행동을 지속할 수 있게 된다. 잘 되지 않으면 거기에서 배움을 얻어 다른 방법을 시도해 볼 수 있다. 이렇게 선택지가 점점 늘어나는 것, 이것도 NLP만의 특별한 특징이다.

이 책에서는 문제의 해결을 큰 주제로, 사람들이 자신의 문제를 해결하는 과정에 어떻게 NLP가 활용되었는지를 볼 수 있다. NLP에서는 마음의 깊은 곳(무의식을 향하여 질문한다든지, 실제로 몸을 움직이게 한다든지)을 움직여 의식을 바꿀 수 있는 여러 가지 엑서사이즈를 실행한다. 이런 엑서사이즈 과정에서 '유연성'이 적용되는데, 한 가지 방법으로 잘 되지 않으면 다른 방법을 활용하고, 도중에서 이해하지 못하면 어디까지 이해하고 있는가를 물어 다시 새로운 방법을 활용해 본다. 그럼으로써 자신이 바라는 점과 현재 상태의 간극을 점차 줄여나가는 것이다.

결국, 유연성은 선택지를 늘려 새로운 행동의 가능성을 넓혀준다. NLP를 배우는 것, 일상생활에 적용하는 것, 그것은 당신의 가능성을 무한하게 넓히는 것이다.

간단한 예를 하나 들어보자. 어떤 부동산 중개인이 한 쌍의 부부에게 알맞은 조건의 주택을 소개하고 있었다. 그런데 그 부부는 다른 건 다 마음에 드는데 아이들이 놀 정원이 없어서 구입이 망설여진다고 했다. 이 중개인은 이 주택의 매매를 포기하고 이 부부에게 다른 주택을 소개시켜 줘야 할까? 아니다.

"바로 근처에 아이들이 마음껏 뛰놀 수 있는 넓은 공원이 있습니다. 이 정도의 가격에 원하시는 집을 구한다는 건 쉬운 일이 아니죠."

이렇게 말하는 것이 바로 유연성이다. 이 유연한 사고방식을 몸에 익혀두면 실패를 두려워한다든지, 이미 엎질러진 물 앞에서 목놓아 울지 않고 성공할 때까지 계속 물고늘어지는 끈기를 가지게 되는 것이다.

지금까지 살펴본 것처럼 NLP의 최종 목적지는 바로 엑설런트 라이프이다. 그리고 그 목적지에 도달하기 위해 NLP는 우리에게 문제의 본질을 꿰뚫는 힘과 실패를 두려워하지 않는 유연성, 다시 말해 원활한 커뮤니케이션과 관계 개선을 통해 목적을 이룰 수 있는 방법을 가르쳐 줄 것이다.

2

최고의 행복을 누리는 삶, 엑설런트 라이프라는 집을 짓기 위한 모든 재료들은

당신의 내부에 있다. 이 장에서 당신은 가장 기쁨으로 충만했던 당신의 과거와 희망으로

가득찬 미래라는 당신만의 보물을 발견해 낼 것이다.

Neur

당신에게 최고의 행복한 상태는?

nguistic Programming

낙심, 절망에서 벗어나다

리소스풀한 상태가 되다

자신이 간절히 원하는 것을 구체적으로 그려보다

낙심, 절망에서 벗어나다

신경과 언어를 마음대로 사용하여 의식과 행동을 바꾼다

'불쾌한 기분이 든다, 낙심스럽다….' 이것은 당신이 무엇인가 문제에 부딪쳤을 때, 그 때문에 고민하고 있다는 증거이다. 그 상태에 빠져버리면 의욕이 없어지고 좀처럼 움직일 수도 없게 된다. 예를 들면, 눈앞은 암담하고 마음 속에서는 '봐라, 너는 역시 안 돼.' 라는 목소리가 들린다. 몸은 움츠러들고, 호흡은 가빠지고, 머리 속은 흐릿해지고, 가슴은 무겁게 느껴지고….

이렇게 고민과 낙심에 빠지면 많은 사람들은 마음 속에서 들려오는 목소리(내적 대화)를 들으면서, 원인을 찾기 시작한다.

'이렇게 된 것은 그 사람 탓이다.'

'내가 이 정도밖에 못 되는 것은 부모 탓이다.'

이처럼 다른 사람 탓으로 돌려 원망한다든지 주위의 탓, 환경의 탓으로 돌려본다든지, 자신의 힘없음을 자책하고 인간관계나 부모의 교육방법 등으로 탓을 돌린다든지 하면 더욱 더 문제 속으로 빠져들어 바람직한 상태를 알지 못하게 되는 경우가 많다.

이럴 때, 문제를 해결하기 위한 첫 번째 방법은 우선 낙심, 고민에서 벗어나는 것이다. 그 다음에 '할 수 있는 자기'가 되는 것이다. 그것을 실현하기 위하여 이제부터 설명하는 NLP의 사고방식이나 테크닉을 활용해 보자.

예를 들면, 자신의 과거 경험에서 성취감과 충실감, 자신감, 혹은 안식을 느낀 체험을 기억하고 그때의 감각을 몸에 다시 되살리는 것이다. (리소스풀한 상태가 된다.)

그 다음에는 자신의 바람직한 상태를 구체적으로 이미지하고 그것이 실현되었을 때의 감각을 체험해 본다. (타임 라인과 앵커링 엑서사이즈 등)

인간관계에서 일어나는 문제라면, 몸의 위치를 움직임으로써 상대방의 입장이 되어 보고 상대방을 이해하고 받아들여 커뮤니케이션을 개선할 수가 있다. (포지션 체인지 엑서사이즈)

자신이 좋았던 때의 상태(리소스풀한 상태)를 금방 되살릴 수 있는 방법도 있다. (앵커링 엑서사이즈)

'하고 싶다고 생각하지만 지금은 할 수 없는 것'을 할 수 있는 사람이 되어 볼 수도 있다. (모델링 엑서사이즈)

자신이 그만 두고 싶은 행동이나 고치고 싶은 상태, 치유받고 싶은 증상을 지금까지의 것이 아닌 별도의 행동으로 바꿀 수도 있다. (스위시, 인티그레이션, 식스 스텝 리프레이밍 엑서사이즈 등)

이러한 방법으로 가족관계를 개선했다든지, 회사에 출근을 하지 않으려는 행동, 학교에 가지 않으려는 행동과 식사장애를 해결했다든지, 알레르기를 치유했다든지 하는 여러 가지 문제 상태에서 벗어나 자신의 바람직한 상태들을 만들어낸 사례들을 지금부터 소개하고자 한다.

NLP에는 그 기본 전제가 되는 사고방식과 언어, 혹은 시각, 청각, 체감각 등을 충분히 활용한 엑서사이즈가 준비되어 있다. 이 책은 이러한 엑서사이즈 각각의 구체적인 방법과 신경과 언어가 얼마나 밀접하게 연결되어 있고, 그것이 우리들의 행동이나 생활방식, 그 자체에 얼마나 크게 영향을 미치는가 하는 점을 여러분들이 서서히 이해할 수 있도록 도울 것이다.

'좋다 / 나쁘다', '옳다 / 그르다' 로 판단하지 않는다

당신은 혹시 자신이 한 일, 하고 있는 일, 자신에게 일어난 일, 일어나고 있는 일을 '좋은가, 나쁜가', '옳은가, 그른가' 라는 측면에서만 판단하고 있지 않는가?

NLP의 사고방식을 한 가지 소개하고자 한다.

당신이 한 일, 하고 있는 일, 당신에게 일어난 일, 일어나고 있는 일은 모두 그 나름대로 의미가 있을 뿐만 아니라 당신이나 상대방에게도 유익한 의미가 있다. NLP에서는 이것을 긍정적인 의도 (Positive Intention)라고 한다. 좋은가 나쁜가, 옳은가 그른가의 잣대로만 판단하면 중요한 이 긍정적인 의도를 보지 못하고 빠뜨리게 된다. '사람의 행동에는 반드시 긍정적인 의도가 있다.' 라는 NLP의 대전제를 다시 떠올릴 필요가 있다.

우리들은 지금까지 유감스럽게도 가정이나 학교, 사회 속에서 '좋은가 나쁜가, 옳은가 그른가' 라는 잣대로만 자신의 행동이나 일어난 일을 파악하는 방법을 배워왔다. 이 기준들은 사회, 학교의 룰을 지키는 데, 생명의 안전을 확보하는 데 대단히 중요하긴 하다. 그렇기 때문에 우리들은 어른이 된 지금도 이와 같은 판단 방법에 자기도 모르게 길들여져 있는 것이다.

"부모님과 선생님이 가르쳐 주신대로 행동하거라. 그렇지 않은 행동은 하지 않도록 해라." 라는 가르침을 받았고, 이미 그것이 몸에 배어 있기 때문에….

무의식적으로 자신의 내부에서 이런 목소리를 듣는 것이다.

'이것은 좋지 않은 일임으로 그만 두어라!'

'실패하면 절대로 안 된다!'

이와 같은 마음 속의 목소리, 내적 대화는 정말로 자신이 바라는 상태, 원하는 것을 만들어 내는 것을 무의식적으로 단념시키고 있다.

어린 시절, 당신의 생명의 안전을 유지하기 위하여 부모나 선생님이 베풀어 준 이러한 가르침은 그 시절의 기억 속에 소중히 간직한 채 내버려두고, 어른이 된 당신은 이제 그런 굴레에서 벗어나 더욱 자유스러워질 필요가 있다.

다시 한번 강조하지만, '좋은가 나쁜가, 옳은가 그른가' 와 같은 판단방식은 일단 옆으로 밀어놓아 두자. 그리고, '나의 행동, 나에게 일어나는 일에는 반드시 긍정적인 의도가 있다.' 라고 새롭게 생각하자.

리소스풀한 상태가 되다

시각, 청각, 체감각

NLP에서는 시각(Visual), 청각(Auditory), 체감각(Kinesthetic)이라는 3가지 감각을 중요하게 활용한다. 일반적으로 인간의 감각을 5감이라 하여 시각, 청각, 촉각, 후각, 미각으로 나누지만 NLP에서는 다음과 같은 세 가지로 인간의 감각을 정리하고 있다.

시 각(V)

책, 책상, 방의 형태와 같이 지금 실제 눈앞에 보이는 것뿐만 아니라 장래의 비전으로 그리는 이미지, 예를 들면 당신이 미래에 무엇인가를 하고 있는 모습, 그리고 그 주위의 상황 등도 NLP에서는 시각으로 다룬다. 또, 과거의 기억을 떠올렸을 때 보이는 정경도 시각으로 간주된다.

청 각(A)

NLP에서는 귀로 들어오는 실제의 소리뿐만 아니라 말(언어)도 청각이다. 그렇기 때문에 문자로 된 책을 읽는 것은 눈으로 보고 있기는 하지만 말로서 이해함으로 청각으로 간주한다. 또한 실제로는 말해지지 않지만 내부에서 들려오는 자신의 목소리나 부모님의 목소리(내적 대화), 그리고 사람이 '생각한다' 고 표현하는 행동도 자신 속에서 말을 반복하여 조립하는 것이므로 청각에 포함된다.

체감각(K)

촉각은 손으로 물건을 만진다든지, 무엇인가가 피부에 닿는다든지 할 때에 느끼는 피부 감각이지만, 체감각은 거기에 더하여 몸 속의 느낌, 예를 들면 두근두근하다든지, 울렁울렁하다든지, 등이 서늘한 느낌, 가슴이 뜨거워지는 느낌 등을 포함한 감각이다. 음악은 귀로 들어오지만 몸 전체의 감각에 호소하므로 청각이자 동시에 체감각이 될 수 있다.

자, 자신이 지금 어떤 상태인지를 알고 싶으면 이 세 가지 감각이 지금 어떤 상태인가를 살펴보면 된다. 또한 문제에 빠진 상태, 낙심한 상태에서 바람직한 상태, 그리고 원하는 상태로 의식을 바꾸려고 할 때도 이 세 가지 감각을 활용할 수 있다.

예를 들어 "무엇인가 당신 장래의 비전이 보입니까?"라고 질문했을 때 "앞이 캄캄해서 아무 것도 보이지 않습니다." 혹은 "모릅니다."라는 대답을 하는 사람이 있다면 그 사람은 시각적인 문제를 겪고 있는 사람이다. 따라서 그 사람에겐 미래의 그림을 구체적으로 그릴 수 있도록 시각적인 치료를 해줄 필요가 있다.

시각(V), 청각(A), 체감각(K)이라는
세 가지 감각을 사용하여 사물을 인지한다.

또 자신의 내면에서 '이봐, 역시 너는 안 돼, 그래서 그만 두라고 말했는데도….', '지금은 그럴 때가 아니야, 너에게는 아무래도 무리라고!' 등의 말을 듣고 있는 사람에겐 '너라면 할 수 있어!, 괜찮아.' 와 같은 말을 내면에서 들을 수 있는 청각적인 치료를 해준다면 자신이 원하는 상태를 향해 앞으로 한 걸음 내딛는 데에 대단한 도움이 될 것이다.

체감각은 고민거리가 있거나 스트레스가 쌓일 때, 몸에서 느껴지는 어떤 감각을 말한다. 예를 들어 목 근처가 콱 막히는 듯한 느낌, 머리 속이 어지러운 듯한 느낌, 가슴 근처가 부글부글하는 느낌, 위가 죄어드는 듯한 느낌 등을 말하는 것이다.

한편, 아주 기쁠 때, 기분이 좋을 때, 그리고 어떤 일이 잘 될 때의 상태를 NLP에서는 리소스풀(Resourceful)한 상태라고 한다. 이 상태에서 우리 몸은 어떤 것들을 느낄까? 가슴 근처가 따뜻한 느낌, 두근두근하는 느낌, 울렁울렁하는 느낌, 뛰어 오르고 싶은 느낌 등 여러 가지가 있을 수 있다.

그런데 불쾌한 느낌에 빠져 있을 때에 이러한 긍정적 느낌의 체감각을 기억하고 재생할 수 있다면 어떨까? 아마도 불쾌한 감정을 없애는 데 큰 효과를 거둘 수 있을 것이다. 이런 식으로 시각, 청각, 체감각을 구분하고 자신의 상태를 리소스풀한 상태로 만들어 유지하는 것은 NLP의 가장 기본적인 테크닉이다.

리소스(Resource)란 말은 자원이라든가 자산, 혹은 필요한 무언가라는 의미인데 NLP에서는 원하는 상태를 손에 넣는 데 필요한 모든 것, 즉 당신이 이미 가지고 있는 것뿐만 아니라 앞으로 손에 넣을 수 있는 모든 것이 리소스로 파악된다. 따라서 리소스는 사람에 따라 각양각색일 수밖에 없다. 어떤 능력이나 재능―계산이 빠르다든지, 외국어를 잘한다든지, 혹은 요리 솜씨가 뛰어나다든지, 판단력이 좋다든지―은 당연히 훌륭한 리소스가 된다. 그러나 이런 구체적인 능력 외에도 친구나 동료들 같은 '인맥', 돈, 매력적인 미소, 실패의 경험 등도 모두 리소스가 될 수 있다. 누구나 자신만의 리소스들을 가지고 있는 것이다.

이런 리소스에 가득 넘쳐흐르는 것을 실감하는 상태가 바로 리소스풀한 상태이다. 예를 들어 '자신에 차 있다, 성취감을 맛보고 있다, 기쁨에 넘쳐 있다, 안식에 젖어 있다' 등으로 묘사할 수 있는 상태를 말하는 것이다.

이런 리소스풀한 상태 역시 사람에 따라 천차만별일 수 있다. 하지만 사람들이 이 상태에서 자신이 바라는 상태, 원하는 것을 손에 넣는 행동을 시작할 수 있다는 점에서는 모든 사람에게 같다.

공감을 돕기 위해 리소스풀한 상태를 경험한 사람의 사례를 소개하고자 한다. 어느 날 나에게 30대 여성이 상담을 받으러 왔다. 그녀는 아주 처참할 정도로 절망감에 빠져 있었다. 어깨는 축 늘어져 있었고 시선은 떨구어져 있었다. 남편과의 불편한 관계 때문에 찾아 온 그녀는 도무지 얘기조차 꺼낼 수 없을 정도로 초췌해 보였다. 이런 경우 상담자는 상대의 기분을 바꿔주는 것이 가장 중요하기에, 우선 나는 그녀에게 등을 쭉 펴고 심호흡을 하도록 했다. 그리고 나서 남편과 행복했던 때를 기억해 보라고 부탁했다. 아주 구체적인 한 장면을 떠올려 보라고.

"남편이 저에게 청혼한 때예요."

"구체적인 장면들을 떠올려 보세요."

그녀는 자신을 바라보던 남편의 눈빛, 그리고 둘이서 산책하였던 공원의 풍경들을 기억해 냈다.

"뭔가 들리는 것은 없나요?"

"남편의 목소리와 새가 지저귀는 소리가 들려요."

"몸의 느낌은 어떻습니까?"

"가슴 근처가 따뜻하게 느껴지고 앞으로 그와 함께 할 삶에 대한 기대감에 부풀어올랐어요."

"잠시 그 감각에 잠겨 보세요."

그러자 그녀의 표정이 천천히 온화해지고 쳐졌던 어깨와 시선이 제자리를 찾아가기 시작했다.

그때부터 그녀의 의식은 바뀌어 갔다. 남편과의 문제는 여전히 남아 있었지만 과거의 기억으로 그녀의 상태는 행복감, 기대감에 가득 찬 감각(리소스풀한 상태)으로 바뀌어졌고 문제를 해결하기 위한 행동을 일으킬 준비가 된 것이었다.

시각, 청각, 체감각은 이런 식으로 사용할 수 있다. 이 사례에서는 피상담자가 리소스풀한 상태로 되었을 때 시선이 위를 향하고 자세가 바로 되었는데, 이것은 많은 다른 사람에게서도 흔히 일어나는 현상이다. 이것을 거꾸로 사용할 수도 있다. 리소스풀한 상태로 빠져들지 못할 때 이렇게 시선을 위로 하면 리소스풀한 이미지를 쉽게 생각하고 그려볼 수 있는 것이다. 혹시 당신에게 '나는 리소스풀한 상태 따위는 기억할 수 없어. 그런 상태는 내 인생에 있지도 않았는걸.' 이라는 생각이 든다면, 심호흡을 깊게 한 다음 등을 쭉 펴서 시선을 위로 향하도록 해보라. 그때 가슴과 등이 쭉 펼쳐지는 느낌, 그리고 상쾌한 공기가 가슴 가득히 들어오는 느낌을 몸으로 느끼는 것만으로도 변화가 일어나고 활기가 생길 것이다. 꼭 한번 시험해 보길 바란다.

리소스로 가득 찬 상태

자신이 바라는 상태를 그리기에 앞서 '그것을 만들어 낼 수 있는 자기', '그것을 만들었을 때의 감각'을 맛보도록 하라. 이렇게 상상으로 체험을 하는 것은 절망에 빠져 있는 상태에서 벗어나는 데에도 도움이 된다.

리소스(Resource)란 앞에서 설명했듯이 자산이라든가 자원, 필요한 어떤 것이라는 의미이다. 즉 당신이 바라는 상태를 손에 넣는 데 필요한 것으로, 당신이 이미 가지고 있는 것, 그리고 이제부터 손에 넣는 것, 모두를 리소스라 할 수 있다. 사람에 따라 원하는 상태가 다른 것처럼 리소스 또한 사람에 따라 각양각색이다. 어떤 능력이나 재능을 가지고 있다면, 그러한 것들 모두가 자신에게 훌륭하고 둘도 없는 리소스가 되는 것이다.

하지만 위와 같은 특정하고 구체적인 능력이 아니라도 우리는 자신의 풍부한 리소스를 얼마든지 발견할 수 있다. 친구나 동료가 많이 있는 사람은 그런 주위 사람들이 자신의 리소스이며, 말을 잘 하는 사람은 언변이 바로 리소스이다.

만약 당신의 웃는 얼굴이 매력적이라면, 사람을 진정으로 사랑할 줄 아는 사람이라면, 혹은 과거의 실패도 배움으로 승화시킬 줄 아는 사람이라면 이 모든 요소들이 당신의 훌륭한 리소스가 되는 것이다. 그러므로 한 사람의 리소스는 무한하다고 볼 수 있으며, 아무리 자랑할 게 없는 사람이라 할지라도 찾아보면 누구나 많은 리소스를 가지고 있다.

리소스에 가득 차 넘쳐흐르는 것을 스스로 느끼는 상태를 '리소스풀한 상태'라고 한다. 예를 들어 '자신에 차 있다, 성취감을 맛보고 있다, 기쁨에 넘쳐 있다, 안식에 젖어 있다' 등과 같은 감정이 몸으로 느껴지는 상태이다. 사람은 리소스풀한 상태로 되었을 때에야 비로소 현재 처해 있는 문제에서 벗어나 자신이 바라는 상태로 향해 갈 수 있는 전향적인 행동을 시작할 수가 있다.

'기억'이라는 우물 속에서

지금까지의 당신의 인생에서 리소스풀한 상태였던 경험을 기억 속에서 끌어올려 보자. 예를 들어 초등학교에 입학했을 때, 초등학교 운동회의 달리기에서 극적으로 1등을 했을 때, 졸업식날 대표로 답사를 맡았을 때, 결혼식날 동반자의 옆에 나란히 섰을 때, 이른 새벽 깊은 산정에서 아침해를 맞았을 때 등과 같이 일상생활에서의 체험과는 조금 다른 풍요로움을 느꼈던 그 순간이 당신의 리소스풀 체험이다. 다시 말하면, 힘이 솟아오르는 듯한 기분과 같은 몸 속에 힘이 넘치는 체감각으로서의 느낌을 뜻한다.

오래 전의 체험을 현재의 순간으로 끌어올리려면 그런 체감각의 느낌을 현재 자기의 귀에 계속 울려나가도록 하여 청각으로서의 느낌으로 재생시켜 주어야 한다. 이렇게 언제 어디서나 리소스풀한 상태를 재생할 수 있다면, 무엇인가 문제에 빠져 기분이 나빠졌다고 해도 바로 리소스풀한 상태로 되돌아올 수 있어 금방 기분이 산뜻해지게 된다.

'기억' 이라는 깊은 우물 속에서 특정한 체감각을 떠올리기란 처음에는 쉽지 않지만 곧 익숙해질 수 있고, 능숙하게 되면 '약간 시선을 움직인다, 턱을 올린다, 잠깐 몸을 일으킨다.' 와 같은 간단한 동작만으로도 한 순간에 리소스풀한 상태로 되돌아가 부정적인 관점에 사로잡힌 의식, 절망한 상태를 긍정적인 의식, 활기찬 상태, 편안한 상태로 변화시킬 수 있다.

당신이 쉽게 따라할 수 있도록 구체적인 사례를 하나 소개하고자 한다. 나는 우선 클라이언트가 운동회에서의 기억을 끌어올릴 수 있도록 했다. 그리고 나서 그 기억을 시각과 청각과 체감각으로 나누게 했다. 참고로, 시각적인 체험은 시선을 조금 위쪽으로 향하면 기억하기 쉬워진다. 대부분의 사람은 과거의 영상은 '왼쪽 위', 미래를 상상하는 영상은 '오른쪽 위' 에 시선을 두기 때문이다(거의 대부분 기분 좋은 기억은 왼쪽 위에 준비해 둔다). 아래의 대화 내용을 상상하며 따라해 보도록 하자.

"당신이 아주 좋은 결과를 얻어 대단히 리소스풀했던 기억을 떠올려 보세요. 어떤 체험을 기억하고 있습니까?"

"초등학교 운동회 때, 달리기에서 1등을 하였던 때요."

"그때로 돌아가 당신이 체험하고 있는 것을 보고 듣고 느껴 주세요. 그리고 그것을 말해 주세요. 어떤 그림이 보입니까? 움직이는 그림입니까? 컬러로 된 그림입니까?"

"주위에는 학생과 선생님이 많이 있고 학부형들이 응원하러 와 계시고…. 파란 하늘, 교정에는 흰선이 그어져 있고 학교 건물도 보여요. 선명하게 색들이 보입니다. 나는 1등으로 달려와 테이프를 끊고 있어요!'

"어떤 소리가 들립니까? 누구의 목소리가 들립니까?'

"잘했어, 잘했다는 목소리, 수고했다는 목소리, 애썼다는 엄마의 목소리….'

"몸의 감각은 어떻죠? 그 순간 몸은 어떤 체험을 했을까요?'

"뜨거운 느낌, 울렁울렁하다, 두근두근하다, 자랑스럽고 자신에 가득 찬 느낌, 마음이 놓이는 느낌도 듭니다. 팔이든지, 다리가 특히 뜨겁습니다. 뛰었을 때의 약동감이 남아 있는 느낌….'

"심호흡을 하면서 확실하게 그 그림을 보고, 목소리와 여러 가지 다른 소리를 듣고, 몸 속의 상태를 체험해 주십시오.'

사람에 따라 리소스풀한 체험의 내용은 다르지만, 이상과 같은 방법으로 누구라도 리소스풀한 상태를 기억하여 체험할 수 있다. 만일, 당신이 결혼을 했다면 결혼식을 기억해 보는 것도 좋은 방법이다. 중요한 것은 그림, 소리, 몸의 감각을 구체적으로 기억하여 체험해야 한다는 점이다.

'우선 무엇이 보입니까? 색은 칠해져 있습니까? 움직입니까? 무엇인가 들립니까? 그리고 누가 있습니까? 자신의 모습이 보입니까? 몸의 감각은 어떤 느낌입니까?' 와 같은 질문에 상세하게 답할 수 있어야 한다.

무엇을 보았을 때의(혹은 무엇을 느꼈을 때의) 울렁울렁하고, 충만함을 느끼고, 새롭게 시작한다는 기분이 들었는가를 떠올려 보라.

그 순간이 당신 속에 행복감, 충만함, 안정감, 새로운 의욕이 가득가득했던 리소스풀한 상태이다. 백문이 불여일견이라 했던가? 자, 이제부터 실제로 자신을 리소스풀한 상태로 만들어 보라.

리소스풀한 상태를 기억하고 재생한다

1. 당신이 아주 좋은 결과를 얻어 대단히 리소스풀했던 일을 기억해 보세요.

2. 그때로 돌아가 당신이 체험한 것을 보고, 듣고, 느껴 주세요.

3. 다음의 질문에 구체적으로 답해 보세요.
   - 어떤 그림이 보입니까?
   - 움직이는 그림입니까?
   - 색채는 있습니까?
   - 누가 있습니까?
   - 무엇이 들립니까?
   - 누구의 목소리가 들립니까?
   - 몸의 감각은 어떻습니까?

4. 심호흡을 하며 확실하게 그 감각들을 느껴 보세요. 그리고 언제라도 이 같은 감각들을 재생할 수 있도록 꾸준히 연습해야 합니다.

자신이 간절히 원하는 것을 구체적으로 그려보다

만일, 당신이 원하는 것이 그대로 이루어졌다면?

바람직한 상태를 실제로 만들고 실현하기 위해서는 그것을 구체화하는 것이 중요하다. 스스로 실현하려는 것이 무엇인지 명확히 알고 있을 필요가 있는 것이다. 또한 그것을 '어떻게 하면 실현할 수 있을까, 내가 무엇을 하면 좋을까' 하는 구체적인 방법에 대해서도 이해해 둘 필요가 있다.

그런데 "정말로 바라는 것은 무엇입니까? 정말은 뭘 하고 싶은 거죠? 그것을 찾아봅시다."라고 하면 많은 사람들은 '~는 하(되)고 싶지 않아요' 라며 부정적인 것부터 먼저 떠올리고 "그림으로 떠올려 그려봅시다." 라고 해도 '~하지 않은 상태' 라는 부정적인 그림, 불쾌한 그림, 실패한 그림을 먼저 본다.

그러나 '~하지 않은 상태' 는 '실제로 어떻게 하고 싶은가' 라는 측면에서 구체성이 없으므로 실현되기 어렵다. 따라서 구체적이고 긍정적인 언어 표현과 연상이 중요한 것이다. 그래야만 의식과 행동이 바뀌고 실제로 바라는 바가 이루어진다.

예를 들어 자녀에게 무심코 화를 잘 내는 사람이 "나는 쉽게 화내지 않는 부모가 되고 싶다."라고 말을 한다면 그 사람에겐 이미 화를 내고 있는 자신의 모습이 연상되고 있는 것이다. 바로 '화내지 않는' 이라는 부정적인 표현 때문이다. '화내지 않는' 이라고 의식함으로써 체감각으로 화나는 상태를 더욱 강하게 느끼는 아이러니컬한 일이 일어나는 것이다.

따라서 긍정적이고 좀더 구체적인 언어와 연상이 필요한데, 예를 들어 "자녀에게 따뜻하게 대할 수 있는 부모가 되고 싶다." 혹은 "자녀의 이야기를 끝까지 듣는 부모가 되고 싶다."라고 표현해야 하는 것이다. 여기에 '언제, 어디서, 누구와 함께' 라는 것도 구체적으로 명시하는 것이 좋다. 커다란 목표라면 10년, 20년 후가 되겠지만 우선 그것보다도 가까운 것(예를 들면, 일상적으로 가정에서 일어날 수 있는 일들)으로 연습해 보기를 권한다. 짧으면 1개월, 길어도 1년 후 정도에 실현할 수 있는 목표가 좋다. '자신의 습관을 바꾸고 싶다, 자녀와의 관계를 개선하고 싶다, 자격증을 따기 위한 공부를 시작한다' 등등으로 말이다.

그러나, 자신의 목표가 다른 사람들의 목표나 바람직한 상태를 방해하는 것이어서는 안 된다. NLP에서는 이 점을 중요시하고 있다. 사람이라는 존재는 주변과의 관계 위에 성립하기 때문이다. 따라서 NLP에서는 목표에 대한 이미지가 연상되었을 때, 에콜로지컬 체크(Ecological Check)를 하여 그 목표가 주위 사람들이나, 혹은 자신의 다른 목표와 충돌을 일으킬 여지가 있는지에 대하여 반드시 체크를 한다.

의식하지 않고서도 자신을 먼저 변화시킬 수 있다면?

'학교에 가고 싶지 않아, 갈 수 없다구.' 를 외치는 아이의 어머니 얘기를 해볼까? 처음에 그 어머니는 나에게 '아이가 학교에 잘

다닌다면 그것이 행복'이라고 말했다. 나는 재차 그녀에게 질문을
던졌다.

"아드님의 문제는 일단 덮어두고 당신 자신은 어떤 인생을 살
고 싶습니까? 당신의 인생이 어떻게 되면 당신은 행복하다고 느낄
까요?"

'만일, 원하는 것이 그대로 이루어졌다면(As if)'은 이렇게 어떤
목표를 세우고 아직 그 목표가 이뤄지진 않았지만 이미 이루어졌
다고 가정함으로써 현재의 문제에서 벗어나 미래로 눈을 향하게
하는 NLP의 수법이다.

"만일, 아드님이 학교에 간다고 합시다. 그 다음엔 당신은 어떤
인생을 살고 싶습니까?"

"직업을 다시 갖겠어요. 아이가 학교에 가면 직업을 갖고 아이
일은 걱정하지 않고 생기 넘치게 일하겠지요."

"누구와 함께 일하죠? 자, 구체적으로 그려봅시다. 주위에는 무
엇이 보입니까?"

그녀는 사무실에서 활기차게 일하는 자신의 모습을 자세히 설
명했다.

"어떤 소리나 목소리가 들립니까?"

"내가 처리한 업무를 칭찬해 주는 사장의 목소리, 누군가에게
용기를 북돋워주는 저의 목소리, 기분 좋은 웅성거림 속에서 능숙

하게 일을 처리하는 소리들이 들려요."

"당신 자신은 어떤 체험을 하고 있습니까?"

그녀는 '시원시원하게, 발랄하게'와 같은 역동적인 표현들로 자신의 체험을 말해 주었다.

"그런 모습들은 구체적으로 언제, 어디서, 누구와 함께 이뤄지는 것입니까?"

그 순간 그녀는 잠깐 고개를 숙이더니 한숨을 쉬며 이렇게 말하는 것이었다. "그래도 아직도 아이가 학교에 가려고 하지 않는 것이 현실인데요."

나는 다시 한번 강조해서 덧붙였다.

"물론, 아드님이 학교에 간다는 가정 하에서 말입니다. 회사에서 생기 있게 일하게 되었을 때, 그렇게 되었을 때 당신의 일상생활은 어떤 식으로 바뀝니까?"

"전 정말 열심히 일하고 집에 돌아와 기분 좋은 나른함을 느껴요. 남편과 대화하고 학교에 가려고 하지 않는 아이에게만 지나치게 신경 쓰지 않고 다른 아이들에게도 관심을 가져주죠."

그녀는 아주 생기 있게 대답을 하였다. '만일, 원하는 것이 그대로 이루어졌다고 한다면?'이라는 질문이 그녀의 의식을 앞으로 움직이게 한 것이다.

"그러한 결과를 만드는 데 당신의 어떤 리소스를 사용합니까?"

"아이들에 대한 믿음, 건강…. 스스로의 인생을 중요시함으로써 주위의 사람도 중요시할 수 있는 거죠."

"어때요? 지금 기분이 어떻습니까?"

물론 그녀를 걱정하게 하는, 학교에 가기 싫어하는 아이에 대한 어떤 해결책도 나오지 않은 상태였지만 그녀는 다음과 같이 말했다.

"지금까지는 오직 등교만이 목적이라도 되는 듯이 달래고 어르고 뭔가 조건을 붙여서라도 억지로 학교에 보내려고 했지만 이제는 아이가 학교에 가면 거기에서 무엇을 얻을 수 있는지에 대해 말할 수 있을 것 같습니다."

그녀는 아이를 어떻게 변화시키려고 고심하는 대신, 먼저 자신의 인생을 설계해 봄으로써 자녀를 보는 틀도 바뀐(리프레임된) 것이다.

학교에 가지 않으려고 떼를 쓰는 아이 문제는 대부분이 부모의 지나친 간섭, 과보호, 혹은 방임이 원인인 것으로 밝혀지고 있다. 부모인 자신이 먼저 전향적으로 변화하는 것이 진정으로 아이를 위하는 길인 것이다.

자신이 원하는 것을 찾는 것이 가장 중요하다

위의 사례에서 알 수 있듯이, 클라이언트는 '자녀가 학교에 가기를 원한다', 즉 상대방이 바뀌기를 바라며 그런 상대방을 바꿀수 없는 자기 자신을 꾸짖는 상태에 머물러 있었다. 실제로 많은 사람들이 이런 생각에 머물러 있다. "어떻게 하면 그 사람이 바뀔까?, 그 사람을 변화시킬 수 있는 뭐 좋은 방법이 없을까?" …

그러나 실제로 가장 중요한 것은 상대방에 관한 것이 아니다. 상대방에 관한 것은 일단 덮어두고 '자신이 어떻게 하고 싶은가? 자신이 정말 원하는 것은 무엇인가? 부터 구체적으로 생각하는 것이 중요하다. 먼저 자신의 의식과 행동이 바뀌어야 자신을 둘러싼 환경이나 사람들에 대한 시각도 바뀌기 때문이다.

우선 '자신이 어떻게 하고 싶은가? 자신이 원하는 상태에서 자신은 무엇을 하고 있는가? 라는 그림을 그려 보라. 미루지 말고 책을 읽는 지금 이 순간, 책에서 잠시 눈을 떼고 오른쪽 위로 시선을 올려 보라. 미래의 그림과 새롭게 구상하는 그림은 오른쪽 위에서 쉽게 떠오르니까….

바람직한 상태를 내 눈 앞에 그리다

1. 다음과 같은 가이드에 따라서 바람직한 상태를 그려봅시다.

    – 어떤 성과를 만들어 내고 싶습니까?

    – 어떤 상태가 되고 싶습니까?

    – 당신이 원하는 결과는 무엇입니까?

    (긍정적이고 구체적으로 표현해 주세요)

2. 그것을 이미지하여 떠올리면 어떤 그림이 됩니까?

    – 함께 있는 것은 누구입니까?

    – 주위에는 무엇이 보입니까?

    – 어떤 소리나 목소리가 들립니까?

    – 당신 자신은 어떤 체험을 하고 있습니까?

    (시각, 청각, 체감각을 살려 그림을 그립니다.)

3. 그 결과를 만들어 내는 것은 구체적으로 언제, 어디서, 누구와
   함께 입니까?

   (그림을 말로 설명하고 일시, 장소, 사람을 명확히 합니다)

4. 그 결과를 손에 넣으면 당신의 일상생활이 어떻게 바뀝니까?

5. 그 결과를 만들어 내는 데 당신은 당신의 어떤 리소스를 사용합
   니까?

도중에 아무리 해도 대답이 안 나오면 '만일, 내가 원하는 그대로 이루어졌다면(As if)'이라고 가정하면서 위의 순서대로 진행해 보세요.

그리고 자신이 바라는 상태, 원하는 결과를 구체적으로 그릴 수 없는 분들도 걱정하거나 낙담하지는 말아 주십시오. 당신은 틀림없이 무엇인가를 바라고 있을 겁니다. 지금은 그것을 시각적으로, 구체적으로 이미지하거나 긍정적인 말로 표현할 수 없어도 괜찮습니다. 조금 더 NLP를 알게 되면 반드시 진전이 있을 것입니다.

3

커뮤니케이션은 인간 생활의 기본이며 그 중요성은 날로 더해가고 있다.

이 장에는 상대방의 의도를 파악하고 자신의 의사를 정확히 전달하여

성공적인 커뮤니케이션을 이룰 수 있는 NLP만의 방법들이 담겨 있다.

Neuro

행복으로 이끄는 나만의 커뮤니케이션

nguistic Programming

대화 중에 '오해'는 왜 일어날까?

상대방의 마음에 다리를 놓아 – 래퍼(Rapport)

숨겨진 메시지를 읽는다 – 캘리브레이션(Calibration)

상대의 의식 속으로 – 포지션 체인지(Position Change : 지각 위치 바꾸기)

대화 중에 '오해'는 왜 일어날까?

인간관계의 기본, 커뮤니케이션

NLP 학습을 위한 세미나는 몇 개의 단계로 나뉘어지는데 그 도입단계에 해당되는 것이 '커뮤니케이션/비전 세미나'이다. 왜냐하면 커뮤니케이션이 바로 '인간관계를 만드는 기본'이기 때문이다.

예를 들어 어떤 사람의 생활 방식이나 행동들은 그 부모에게서 지대한 영향을 받은 경우가 많다. 부모의 교육 방식, 즉 어렸을 때 부모와의 커뮤니케이션이 대단히 큰 영향을 미치고 있는 것이다. 이 밖에도 부부, 가족과의 관계, 그리고 직장의 인간관계 중에서 일어나는 고민이나 문제도 사실은 커뮤니케이션 문제라고 해도 과언이 아니다.

또한 커뮤니케이션은 인간의 사고, 감정, 행동 등을 명확하게 한다. 당신이 바라는 것을 명확히 하고 그것을 방해하는 것을 발견, 제거하여 바람직한 상태를 만들어 가는 데 중요한 포인트가 되는 것이 바로 커뮤니케이션인 것이다. 따라서 당신이 훌륭한 커뮤니케이션을 하고 있다는 것은 스스로의 생각이나 느낌을 언어화하여 상대방에게 잘 전달하며 상대방의 생각이나 느낌을 있는 그대로 받아들이고 있다는 의미가 된다. 그리고 그것은 당신이 바라는 것을 만들어 가는 과정이기도 하다.

NLP에서는 커뮤니케이션을 '상대방의 의욕을 이끌어 내는 것'이라고 정의하고 있다. 자기를 표현하고 상대방의 이야기를 들음으로써 문제를 해결하는 힘, 바람직한 상태를 발견하고 그것을 실현하는 힘을 이끌어 내는 것이 커뮤니케이션이라는 것이다. 그러면 우선 커뮤니케이션, 즉 의사소통과 대화에서 오는 '오해'에 대해 좀더 구체적이고 솔직하게 집고 넘어가 볼까?

머리 속의 언어 지도(뇌내언어 맵)

"나 어제 확, 잘라버렸어. 내가 과연 뭘 잘랐을까?"
어떤 사람(이 사람의 직업은 학원 강사였다)이 대뜸 친구들 앞에서 이런 엉뚱한 질문을 던졌다고 하자. 사람들은 어떤 반응을 보일까?

"미용실에 가서 긴 머리카락을 손질했구나!"
"너 남자친구랑 헤어졌니?"
"정원에 있는 나무들 손질했지?"

이렇듯, 사람에 따라서 '잘랐다'란 말을 받아들이는 방식이 각양각색일 것이다. 그런데 사실 그 사람이 '어제 자른 것' 은 강의 시간을 변경해 달라는 일부 수강자의 무리한 요구였다. 왜 이런 오해들이 일어나는 걸까? 물론 그 사람이 '누가, 언제, 어디서, 무엇을, 왜, 어떻게' 의 6하 원칙을 생략한 채 이야기를 꺼낸 것이 하나의 이유일 것이다. 하지만 또 하나의 이유가 있다. 이야기를 꺼낸 사람과 듣는 친구들의 머리 속에 있는 말의 의미가 달랐다는 것이다.

'뇌 속에 있는 것' 은 체험을 통하여 기억된 말(언어)이다. 그리고 뇌 속에 있는 언어 전체는 뇌내언어 맵을 형성하고 있는데 사람에 따라 이 뇌내언어 맵이 각기 다른 것이다.

'잘라 버렸다' 는 말에서 외모에 관심이 많은 여학생이나 얼마 전 미용실에 다녀 온 사람은 머리카락 자르는 것을 연상하기 쉽고, 정원 가꾸기를 취미로 하는 사람이나 최근 가로수들을 정리하는 인부들을 본 사람은 '가지치기' 를 연상하기 쉽다.

이렇게 서로 다른 생각들을 불러일으키는 '뇌내언어 맵' 이라는 것은 사람이 말을 시작하는 2세 정도부터 형성되기 시작한다. 그런데 우리는 7세 정도까지는 부모나 선생님으로부터 '~하지 말아라' 라는 금지의 말이나 '~하거라' 라는 명령의 말을 듣게 되는 경우가 많아 뇌내언어 맵에 금지와 명령의 말이 강하게 입력되고 어른이 되어서도 무엇인가를 하려고 할 때마다 무의식적으로 주춤하게 되는 경우가 많다.

그리고 자신이 정말 어떻게 되고 싶은지에 대해 생각하기 시작하는 13세 무렵, 사춘기 때에도 "정말로 네가 되고 싶은 건 뭐니?"

라는 질문 대신 부모들로부터 그전과 같이 금지나 명령의 말을 계속 듣든지 아예 그마저 없어져 대화가 단절되는 경우가 많다.

성인이 되어서도 우리들은 여러 가지 인간관계나 체험 속에서 계속 새로운 뇌내언어 맵을 만들어 가지만 깊은 곳에 있는 '사물에 대한 시각'은 이런 유년 시절의 금지나 명령의 뇌내언어 맵에 크게 영향을 받는다고 할 수 있다. 게다가 중요한 것은 말, 다시 말해 머리 속에 들어 있는 언어 지도는 그 사람의 가치관, 신념, 정체성에 대단히 큰 영향을 미친다는 것이다. 때문에 이 언어 지도가 부정적으로 그려져 있을 경우에는, 자신이 바람직한 상태를 만들고자 할 때에도 무의식적으로 방해를 받는 것이다. 여기에 대해서는 6장에서 자세하게 다루기로 하자.

당신이 알고 있는 것은 극히 일부에 지나지 않는다

커뮤니케이션이라고 하면 보통 타인과의 관계나 교류만을 상상하기 쉽지만 자기 자신과의 교류 역시 하나의 커뮤니케이션이다.

사람에겐 '자기가 알고 있는 자기', '다른 사람이 알고 있는 자기'가 있다. 그런데 '자기가 알고 있는 자기'는 의외로 극히 일부분에 지나지 않는다. 오히려 스스로 알아차리지 못했거나 잊어버린 부분을 '다른 사람이 알고 있는 자기'에서 발견하게 되는 경우가 많은 것이다. 그런데 최근엔 '자신도, 다른 사람도 모르는 자기'라는 부분 역시 인간 자아의 큰 부분을 차지한다는 사실이 밝혀졌다.

인간은 평생 자기 뇌의 2만 분의 1(1/20,000)에 해당하는 부분밖에 사용하지 못한다고 한다. 따라서 당신도 모르고, 다른 사람도 알지 못하는 당신 자신은 당신과 다른 사람이 알고 있는 당신의 2만 배가 될지도 모르는 것이다.

이런 '자기'라는 소우주에서 뇌내언어 맵은 말 그대로 하나의 지도 역할을 한다. 그 지도가 자신이 바라는 것, 그리고 그것을 단념하게 하는 문제들을 표시하고 있기 때문이다. 따라서 자신의 뇌내언어 맵을 잘 익혀 두고, 그것을 확장하여 자아 실현의 가능성을 넓혀 가는 것이 절대적으로 필요하다.

말만이 커뮤니케이션은 아니다

1970년 《심리학 저널》이라는 영국의 심리학 전문 잡지에 게재된 논문에 의하면 사람과 사람이 대화할 때 상대방으로부터 느끼는 전체 인상 중 그 사람이 하는 이야기로 인한 것은 단지 7%에 불과하다고 한다. 대신 목소리의 음조(38%)나 몸짓(Body Language, 55%)으로부터 받는 인상이 훨씬 크다는 것이다. 커뮤니케이션이라고 하면 언어만을 주고받는 것이라고 생각하기 쉽지만 시각과 청각을 포함한 몸 전체로 느끼는 정보량이 훨씬 많은 것이다.

커뮤니케이션은 단지 말에 담긴 내용만으로 규정되지 않는다. 그 외에도 목소리의 톤이나 말의 속도, 그리고 말과 말 사이에 끼어드는 침묵이나 손동작 등 수많은 요소들이 개입되는 것이다.

예를 들어 당신이 뭔가 실수를 저질러 누군가로부터 꾸중을 들었던 기억을 떠올려 보자. 집에서 부모님께 들었든, 직장 상사에게 들었든 어떤 것이든 좋다.

"당신 실수를 했어요. 반성하세요. 이제부터는 조심해서…."

말은 구구절절 옳지만 '이제부터는 잘 해야지.' 라는 마음보다는 혹시 꾸중을 들었다는 불쾌한 감정이 더 강하게 느껴지지는 않았는가?

그건 앞서 말한 대로 꾸중을 하는 사람이 하는 말의 내용보다 화내고 있는 얼굴, 엄한 말투 등이 당신에게 훨씬 더 강한 인상을 주기 때문이다. 특히, 바로 면전에서 이런 꾸지람을 들으면 한층 더 불쾌한 인상을 받게 된다. 상대방이 이런 점을 알고 배려해 주기만을 바라는 것은 잘못된 순서이다. 자신이 먼저 스스로의 의견을 확실히 밝히고 상대방의 의도를 가감 없이 파악할 수 있도록 해야 한다.

위에서 말했듯이, NLP에서는 커뮤니케이션을 '상대방의 의욕을 이끌어 내는 것' 이라고 정의하고 있다. 자기를 표현하고 상대방의 이야기를 들음으로써 문제를 해결하는 힘, 바람직한 상태를 발견하고 그것을 실현하는 힘을 이끌어 낸다는 의미인 것이다. 이제부터 설명하는 NLP의 여러 가지 기법들은 그것을 실현하는 데크게 도움을 주고 더 나아가 바람직한 인간관계, 당신이 원하는 인간관계를 실현하는 데도 도움이 될 것이다.

상대방의 마음에 다리를 놓아 – 래퍼(Rapport)

내가 설계하고 시공한다

래퍼(Rapport)라는 말은 원래 프랑스어로 '다리를 놓다.' 라는 의미이다. NLP에서는 이런 의미를 확장시켜 사람과 사람의 마음이 연결된 상태, 즉 마음이 서로 통하는 상태나 함께 하는 상태를 래퍼라고 하고 이를 커뮤니케이션의 기본으로 삼고 있다.

래퍼 상태에서 사람들은 누군가와 함께 있다는 안도감, 신뢰감을 느끼게 되고 마음 속에서 우러나오는 말을 하게 된다. 따라서 어떤 상담이든지 피상담자와 이 래퍼 상태를 만드는 것이 중요하다. 물론 일상생활 중에서도 마찬가지이다. 그럼, 상대방과 래퍼 상태를 만들려면 어떻게 해야 할까?

NLP는 몇 가지 효과적인 방법들을 제시하고 있다.

상대방과 같은 자세와 동작 – 미러링(Mirroring)

미러링은 마치 거울을 보듯이 상대방의 행동을 그대로 따라하는 기법이다. 예를 들어 상대방이 오른쪽으로 고개를 기울이면 나는 왼쪽으로 기울이고 상대방이 팔짱을 끼면 나도 팔짱을 끼는 식이다.

이 미러링을 자연스럽게 사용할 수 있게 되면 의외로 간단하게 래퍼를 형성할 수 있다. 처음엔 왠지 우스꽝스럽고 겸연쩍은 웃음이 나오기도 하겠지만 마음을 가다듬고 진지하게 상대방에게 맞추어 보면 상대방도 동작이 일치되고 있다는 사실을 은연중에 느끼고 '함께 있다, 마음이 서로 통하고 있다.'라는 감각을 갖게 되는 것이다.

그리고 좀더 익숙해지면 상대방의 동작을 그대로 옮기지 않아도 미러링할 수 있다. 예를 들어 상대방이 팔을 들면 자신은 손끝만 위로 움직이면 되는 것이다. 이렇게 하면 상대방의 움직임을 완전히 똑같이 본뜨는 것보다도 훨씬 자연스럽게 래퍼를 형성할 수 있다.

상대방의 말을 반복한다 ― 백트래킹(Backtracking)

커뮤니케이션에서 가장 중요한 것은 상대방의 이야기를 귀기울여 듣는 것이다. 그저 단순히 듣는 것(聞)이 아니라 신경을 집중하여 듣는 것(聽)이다. 이렇게 자신의 이야기를 상대방이 잘 들어(聽) 주고 있다고 느끼면 래퍼는 그 어느 때보다 쉽게 형성된다.

그런데 이야기하는 중간중간에 상대방이 말한 어떤 핵심 단어를 맞장구치듯이 그대로 되풀이하여 말하면 아주 효과적으로 상대방에게 '아, 저 사람이 내 말을 귀기울여 듣고 있구나' 하는 느낌을 줄 수 있다. 이런 방법을 NLP에서는 백트래킹이라고 한다.

예를 들어 상대방이 "어제 저녁에는 가족과 미사리에서 외식을 했지."라고 말하면 "아, 가족과 미사리에서 외식을 하셨군요."라고 되받아 주고 "이태리 요리를 먹었지."라고 하면 "이태리 요리를요!" 하며 고개를 끄덕여 주는 것이다.

처음에는 이렇게 되받는 말들이 너무 어색하게 느껴질지도 모르지만 조금만 익숙해지면 아주 자연스럽게 대화의 한 부분으로 자리 잡을 수 있을 것이다.

나는 여러분들이 백트래킹과 미러링을 엮어서 사용해 보기를 권장하고 싶다. 틀림없이 대단히 큰 효과를 얻게 될 것이다. 특히 1 대1로 대화할 때 이 방법을 사용한다는 것은 그 어떤 재난에도 흔들리지 않는 튼튼한 다리를 놓는 것과 같다.

호흡이나 동작, 음조(音調)를 맞춘다 - 페이싱(Pacing)

래퍼를 형성하기 위해 호흡이나 동작, 음조 등을 상대방과 맞추는 것을 페이싱(Pacing)이라고 한다. 또 이 페이싱을 통해 형성된 래퍼를 어떤 문제 해결을 위해 보다 더 나은 상태로 상대를 이끄는 것을 리딩(Leading)이라고 한다.

예를 들어 고민하고 있는 사람, 절망에 빠진 사람, 초조해 하는 사람, 화내고 있는 사람의 호흡은 대체로 빠르고 얕은데 이런 상태에 있는 사람의 호흡을 따라 우선 자신도 빠르고 얕은 호흡으로 페이싱한 다음 서서히 침착한 호흡법으로 리드해 나가면 상대방을 침착하게 안정시킬 수 있다.

이 방법은 상대의 의식을 바꾸는 데 특히 효과적이지만 일상생활에서 부모와 자녀, 상사와 부하직원, 그리고 친구와 친구간의 커뮤니케이션에서도 아주 유용하게 활용할 수 있다.

그런데 이 방법을 활용하는 데 있어서 한 가지 주의할 점이 있다. 당신이 상대방의 페이스에 말려들어서는 안 된다는 것이다. 상

미러링과 백트래킹이 래퍼 상태를 만든다.

대방의 빠르고 얕은 호흡에 오히려 당신이 말려들어 같이 초조하게 되거나 화를 내게 될 여지가 있기 때문이다. 어디까지나 자신은 냉정하고 침착한 상태를 유지하는 것이 중요하다. 래퍼라는 것이 '공감(共感)하다, 함께 있다' 라는 뜻이긴 하지만 서로 똑같이 화를 내서는 곤란한 것이다. NLP에서는 언제나 자신의 포지션을 뉴트럴(Neutral : 침착한 선의의 제3자로서의 여유를 가진 상태)하게 유지하는 것이 중요하다.

페이싱 연습

– 두 사람이 한 쌍이 되어 페이싱을 연습해 봅시다.

1. 두 사람이 서로 마주 보고 의자에 앉습니다. 바로 정면이라도 좋고 약간 비켜 앉아도 좋습니다. 서로 무릎이 닿을 정도로 가깝게 다가앉아 주세요.

2. 어느 한 사람(A)이 자신의 페이스로 호흡을 합니다. 그리고 다른 한 사람(B)은 A가 호흡하는 것을 잘 관찰하고 그 호흡에 맞추어 A가 볼 수 있도록 A의 앞에서 손을 상하로 움직입니다. 잠시동안 그렇게 하다가 손을 멈추고 손을 움직이는 범위라든지 위치에 관한 A의 취향이나 희망을 듣고 확인하여 조정합니다. A는 B에게 자신이 바라는 손놀림의 위치, 오르내리는 범위, 움직이는 방식에 대하여 의견을 말합니다.

3. A는 다시 한번 B의 손놀림을 보면서 자신의 페이스로 호흡을 계속합니다. B는 A가 희망하는 위치와 범위에서 A의 호흡에 맞추어 손을 상하로 계속 움직입니다. 곧 A는 기분이 좋아지고 침착해지는 느낌이 들게 됩니다. 또 안도감과 상대방이 나와 함께 있다는 감각을 맛볼 수 있습니다. 래퍼가 형성된 거죠.

4. 이제 서로 역할을 교대하여 연습해 봅시다. 페이싱을 가이드 하는 사람은 상대방과 나 사이에 안도감과 신뢰감이 형성되는 느낌, 그 상태를 체험해 주세요.

이 방법의 핵심은 페이싱을 가이드 하는 사람이 손을 움직여서 상대방의 호흡 페이스를 정확하게 읽는다는 겁니다. 이렇게 '상대방의 모습을 관찰하고 정보를 얻는 것'을 NLP에서는 캘리브레이션(Calibration)이라고 부릅니다. 자, 이제 캘리브레이션에 대해 알아 볼까요!

숨겨진 메시지를 읽는다 – 캘리브레이션(Calibration)

당신의 상대는 블랙박스

상대방을 보고 거기에서 상대방의 상태를 읽는 것을 캘리브레이션(심리적 내면정보 수집)이라고 한다. 이때 '보다' 라는 의미는 '단순히 본다(見 : 육체적인 눈으로 봄)'가 아니라 '주의를 기울여 잘 관찰한다(觀 : 마음의 눈으로 봄)'라는 의미이다.

캘리브레이션은 래퍼를 만들기 위해 필요한 상대방의 동작, 호흡 상태 등을 읽는 것이기도 하고 래퍼가 형성되어 있는지, 끊겨 있는지를 관찰하는 것이기도 하다.

예를 들어, 어떤 사람이 머리끝까지 화가 났다면 그 사람의 표정이나 동작은 어떻게 변할까? 얼굴은 빨갛게 되고 호흡은 거칠어지며 몸은 부들부들 떨릴 것이다. 그럼 역으로 시선은 떨궈져 있고 어깨가 아래로 처져 고양이처럼 웅크리고 있는 사람은 지금 어떤 상태라고 할 수 있을까? 아마도 절망에 빠져 있거나 괴롭고 고통스러운 상황일 것이다.

이렇듯 우리는 상대방의 표정이나 몸짓, 숨결 등을 통해서 그 사람의 상태를 파악할 수 있다. 특히 얼굴의 전체적인 색, 뺨의 색, 안면 근육의 움직임 등은 상대방의 상태를 캘리브레이션하여 관찰하는 데 중요한 포인트가 된다. 하지만 섣부른 판단은 어디까지나 금물이다. 예를 들어 '눈물'은 흔히 슬픔을 연상케 하지만 사람은 감동했을 때나 노여울 때, 그리고 기쁠 때도 눈물을 흘릴 수 있기 때문이다. 따라서 같은 눈물이라도 그 눈물이 과연 어떤 눈물인지를 잘 관찰할 필요가 있는 것이다.

그런데 사람들은 대화할 때 자신도 모르게 상대방을 캘리브레이션하는 경우가 많다. 호흡과 표정, 그리고 음조로부터 서로의 상태를 받아들이고 파악하는 것이다. 앞서 설명한 페이싱과 리딩에서는 이렇게 상대방이 자신을 캘리브레이션하고 있다는 사실을 역으로 이용하여 자신의 의사를 상대방에게 확실히 전하는 것도 중요하다. 커뮤니케이션 중 얻어지는 정보 가운데 말의 내용은 단지 7%뿐이고 음조나 바디 랭귀지가 나머지를 차지한다는 사실을 기억하자.

상대방의 마음을 사로잡는다

캘리브레이션 연습 방법을 한 가지 소개합니다. 가족간이든 친구 사이든, 두 사람이 같이 해봅시다.

먼저 두 사람이 마주 보고 앉습니다. 그리고 상대방에게 같이 있으면 기쁘고 편한 사람을 한 명 떠올리게 하죠. 마치 지금 그 사람과 함께 있는 것처럼 아주 구체적으로요. 그때 상대방의 표정, 호흡, 몸가짐을 잘 관찰하는 겁니다.

그 다음엔 반대로 함께 있으면 불쾌한 느낌을 주는 사람과 같이 있다는 상상을 하게 합니다. 그리고 그때의 표정, 호흡, 몸가짐도 잘 보아 두세요.

이제 상대방이 어떤 사람을 생각하고 있다는 말 없이 두 가지 중 어느 한 가지 경우를 선택하여 그에 따른 표정과 포즈를 취하면 지금 그 사람이 '좋아하는 사람'과 '싫어하는 사람' 중 어느 쪽 사람과 함께 있는지를 캘리브레이션하여 맞춰 보는 것입니다.

관찰 포인트는 눈동자와 시선이 움직이는 상태, 뺨의 색깔, 입 언저리의 긴장감, 호흡의 빠르기와 가슴으로 숨을 쉬는지, 배로 숨을 쉬는지, 몸 전체는 안정되어 있는지, 초조해 하는 느낌인지…

등등입니다. 이런 방법으로 캘리브레이션을 반복 연습하면 상대방의 심정변화를 간단히 읽을 수 있게 될 것입니다.

상대의 눈을 읽어라 — 아이 억세싱 큐 (Eye Accessing Que)

캘리브레이션의 포인트에는 얼굴색, 표정, 호흡, 동작 등 잘 보이는 것도 있지만, 어지간히 주의를 깊게 기울이지 않으면 놓치기 쉬운 것들도 있다. 그 중에서도 특히 놓치기 쉽지만 그것만 알면 상대방의 상태를 완벽하게 읽을 수 있는 포인트가 한 가지 있다. 바로 눈동자의 움직임, 시선의 방향이다.

앞서 미래의 바람직한 상태를 떠올릴 때 시선을 위로 향하면 쉽다고 설명한 적이 있다. 주위 사람들을 잘 관찰해 보면 실제로 그림이나 풍경, 그리고 어떤 장면을 상상할 때 무의식적으로 시선을 위로 향하는 경우가 많다.

이와 같이 눈의 움직임, 시선의 방향을 잘 관찰함으로써 상대방이 무엇을 생각하고 있는지를 읽을 수 있는데, 이렇게 시선의 방향과 마음 상태와의 상관관계를 정리한 것을 아이 억세싱 큐라고 한다.

대표적인 패턴은 다음과 같다.

아이 억세싱 큐

· 왼쪽 위 : 과거의 체험을 영상(시각적 이미지)으로 떠올리고 있다.
· 오른쪽 위 : 체험한 적이 없는 영상을 상상하고 있다.
· 왼쪽 수평 : 과거에 체험한 소리, 목소리를 기억하여 듣고 있다.
· 오른쪽 수평 : 체험한 적이 없는 소리, 목소리를 상상하여 듣고 있다.
· 왼쪽 아래 : 마음속에서 대화를 하고 있다(내적 대화).
· 오른쪽 아래 : 체감각을 찾고 있다.

그런데 한 가지 밝혀둘 점은 이 같은 패턴들은 하나의 통계적인 자료일 뿐이라는 것이다. 그래서 이 패턴과는 정반대의 양상을 띠는 사람도 얼마든지 있을 수 있다. 예를 들어 왼쪽 위를 보면서 체험한 적이 없는 영상을 상상하는 사람도 있을 수 있는 것이다. 그러나 그 누구도 과거의 이미지와 상상의 이미지를 같은 방향에서 떠올리지는 않는다. 과거가 오른쪽이면 상상하고 만들어 내는 이미지는 왼쪽, 과거가 왼쪽이라면 상상하고 만들어 내는 이미지는 오른쪽, 항상 이렇게 구분이 되는 것이다. 이 사실만큼은 그 누구에게도 예외는 없다.

어쨌든 이 아이 억세싱 큐를 캘리브레이션하는 것은 카운슬링할 때에 대단한 도움이 된다. 예를 들어 "바람직한 상태를 그림으로 떠올려 보세요. 보입니까?"라고 물었을 때, "예"라고 대답을 하더라도 클라이언트가 아래를 보고 있으면 '그다지 확실하게는 그리지 못하고 있을 것이다.' 또는 '무엇인가 마음 속에서 내적 대화를 하고 있구나…. 이미지를 방해하는 어떤 목소리라도 들리는 걸까?'라고 추측할 수 있는 것이다(시선은 무의식적으로 아주 빠르게 움직이므로 주의 깊은 캘리브레이션이 필요하다).

물론 일상적인 대화 중에서도 당신이 아이 억세싱 큐를 활용한다면 상대방의 생각이나 상태를 읽을 수 있다.

만일 어떤 사람이 딸에게 "내일 함께 쇼핑하러 가자."라고 말을 건넸을 때, 딸이 시선을 위로하고 생긋 웃는 모습을 보았다면 '아, 내일 쇼핑하는 장면을 떠올리며 기뻐하고 있구나'라고 생각할 수

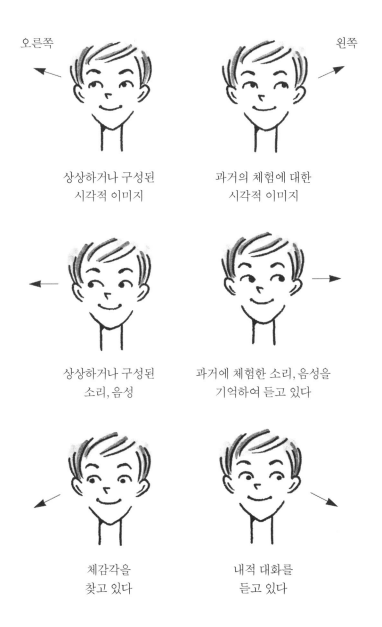

눈동자의 움직임에 의한 아이 억세싱 큐(정면에서 상대방을 볼 때)

있고 시선이 왼쪽 위로 옮겨가면 '전에 갔던 적이 있던 어떤 가게를 상상하고 있구나', 혹은 오른쪽 위라면 '처음 가는 가게를 상상하고 있구나' 라고 추측할 수가 있다.

한편, 상대방이나 혹은 자신의 아이 억세싱 큐 패턴을 확인하려면 상상하거나 만들어 낸 시각이미지, 과거의 청각, 상상하거나 만들어 낸 청각, 마음속의 대화, 체감각에 대한 질문을 각각 던지고 거기에 따른 시선의 움직임을 관찰하는 방법을 쓸 수 있다(자신의 패턴은 거울을 보거나 상대방에게 관찰해 달라고 부탁하면 된다).

또 이 아이 억세싱 큐는 보다 더 구체적인 생각들을 이끌어 내기 위해 의식적으로 해당 방향을 향해 시선을 보내는 식으로 활용할 수도 있다. 예를 들어 과거에 보았던 영화를 떠올리고자 할 때 의식적으로 왼쪽 위를 쳐다보는 것이다. 실제로 이렇게 하면 보다 선명하게 과거의 영상이 떠오르는 걸 체험할 수 있을 것이다.

아이 억세싱 큐를 찾기 위한 연습

두 사람이 마주 앉아 한 사람이 질문하고 상대방의 시선을 관찰합니다.

이 연습에서는 상대방으로 하여금 대답을 하게 하는 것보다 그 대답에 따른 이미지들을 천천히 보고, 듣고, 체험하도록 하는 것이 중요합니다. 만일 혼자서 연습하는 경우에는 앞에 거울을 놓고 질문을 읽자마자 책에서 눈을 떼면서 바로 거울을 보세요.

– 과거에 경험했던 시각적 이미지를 찾게 하는 질문

    1. 당신의 방 벽지는 무슨 색?

    2. 당신 집에서 가장 가까운 서점은?

    3. 당신이 다녔던 초등학교 건물을 기억해 보세요.

– 상상하여 만든 시각적 이미지를 찾게 하는 질문

    1. 당신이 스모 선수를 업은 모습은?

    2. 빨강과 검정이 섞인 줄무늬 셔츠를 입은 당신의 모습은?

    3. 철수가 커다란 핑크색 가방을 든 모습은?

    4. 만일 당신이 쌍둥이를 낳았다면 누구를 닮았을까?

– 과거의 청각적 체험을 찾게 하는 질문

    1. 당신이 좋아하는 노래를 기억해 보세요.

    2. 당신의 휴대폰 벨소리는?

    3. 당신 어머니의 음성은?

- 상상하여 만든 청각을 찾게 하는 질문

  1. 당신이 좋아하는 노래를 친구가 부른다면?

  2. 내년 당신의 생일에 지금 여기 있는 사람들이 모두 함께 축가를 부른다면?

  3. 지금 여기 있는 사람들이 모두 다 괴성을 지른다면?

- 마음 속의 대화(내적 대화)를 유도하는 질문

  1. 당신이 또 다른 당신에게 얘기하는 것을 들어주세요.

  2. 머리 속에서 당신 자신이 노래 부르고 있는 목소리를 들어보세요.

  3. 당신이 당신 자신을 꾸짖을 때, 그 목소리는 어디에서 들려옵니까?

- 체감각을 찾는 질문

  1. 차가운 냇물에 들어가면 어떤 느낌일까?

  2. 강아지를 쓰다듬는 감촉은?

  3. 오른손과 왼손 중 어느 쪽이 더 따뜻한지?

  4. 온천에 천천히 들어가는 느낌은?

  5. 엄청나게 뜨거운 군고구마를 입에 대면?

상대의 의식 속으로
─ 포지션 체인지(Position Change : 지각 위치 바꾸기)

위치를 바꿈으로써 그 사람이 된다고?

"상대방의 입장을 좀더 고려해 보세요."

"상대방의 입장에서 그 사람의 처지를 헤아려 봅시다."

어떤 문제가 생겼을 때 아주 흔히 들을 수 있는 말들이다. 그러나 다른 사람의 입장에서 생각한다는 건 결코 쉬운 일이 아니다. 그 사람과 똑같은 처지에 놓여 본 경험이 없다면 말이다. 극단적인 예로서 기아에 허덕이는 아프리카 난민들을 위해서 원조금은 보낼 수 있을지라도, 자기 자신이 며칠 동안 아무 것도 먹지 못한 상태를 체험한 적이 없다면 그들의 입장을 모두 이해할 수는 없는 것이다. 단지 상상할 수 있을 뿐이다.

일상생활에서도 마찬가지이다. 부모가 자녀의 입장을 이해한다고는 하지만 그건 자신의 어릴 적 체험을 통한 상상일 뿐이고 잔소리를 해대는 직장 상사를 '책임이 무거우니 잔소리도 많아지는 거겠지…' 라고 이해한다고 해도 상사가 지닌 책임을 자신이 직접 맡아보지 않는 한 그건 어디까지나 그럴 것 같다는 추측일 뿐이다.

그런데 NLP에는 이처럼 어려운 '상대방의 입장에 서기'를 간단히 할 수 있는 방법이 있다. 포지션 체인지(지각위치 바꾸기)에서 포지션이란 '위치, 입장'이란 뜻이고, 체인지는 '변하다, 바꾸다, 변화시키다, 바뀌다, 혹은 교환하다'라는 의미이다. 포지션 체인지는 자신의 몸이 있는 위치를 바꿈으로써, 상대방의 입장에 선다고 하기보다는 상대방의 의식 속으로 들어가 완전히 상대방이 되는 방법이다.

이 포지션 체인지는 'NLP의 기본'이라고 할 수 있다. 왜냐하면 '의식을 바꾼다, 사물을 보는 시각을 바꾼다'는 것이 NLP의 기본 취지이기 때문이다.

포지션 체인지에서는 세 가지 포지션을 설정하고 있는데 제1의 포지션은 원래 자신의 자리, 즉 '나는 …'이라고 말할 수 있는 위치이다. 그리고 제3의 포지션은 선의의 제3자가 되어 '그는 … , 그녀는 … , 그들은 …'이라고 말할 수 있는 자리이고, 제2의 포지션은 몸도 마음도 완전히 상대방이 되어 자신에 대하여 '당신은 (너는) …'이라고 이야기할 수 있는 자리이다.

이렇게 포지션 체인지는 위치를 바꿈으로써 의식도 바꾸는 방법인데 이것은 대단히 중요한 의미를 가진다. 문제 자체는 변함 없이 그대로 일지라도 본인의 의식만 바뀌면 문제 자체가 사라지거나 어떤 해결의 가능성이 보일 수 있기 때문이다.

한편 제1, 2 포지션에서와 같이 어떤 대상(자신이든 상대방이든) 속으로 깊이 들어가 그 감정과 생각을 모두 체험하는 상태를 '어소시에이트(Associate : 일체화)'라고 하고 제3의 포지션에 있을 때와 같이 제3자의 객관적인 입장이 되는 상태를 '디소시에이트(Dissociate : 분리화)', 혹은 '뉴트럴한 상태'라고 한다.

이 어소시에이트와 디소시에이트(뉴트럴)를 자유자재로 사용한다는 것은 곧 자신의 의식을 컨트롤할 수 있다는 의미가 되는 것이다.

예를 들어 어떤 문제 때문에 골머리를 앓고 있다면 디소시에이트하여 불쾌하고 무거운 기분에서 벗어나 새로운 가능성들을 살펴 볼 수 있고 어떤 사람과 불편한 관계에 있다면 어소시에이트하여 상대방의 기분이나 처지를 이해할 수 있게 된다.

자, 실제로 포지션 체인지를 한번 따라해 볼까?

우선 의자를 두 개 준비하여 서로 마주 놓는다. 하나의 의자가 자신의 위치(제1의 포지션)이고, 또 하나의 의자가 상대방의 위치(제2의 포지션)이다. 그리고 두 개의 의자 사이의 공간들이 자신도 상대방도 아닌 중립적인(neutral) 위치(제3의 포지션)이다.

먼저 당신은 제1의 포지션의 의자에 앉아 맞은편 의자에 상대방이 앉아 있다고 상상하고 상대방에게 해주고 싶은 이야기를 한다.

이야기가 끝나면 자신의 껍질에서 벗어나는 듯한 기분으로 자신에게서 벗어나 제3의 포지션으로 가서 자신도, 상대방도 아닌 제3자의 위치에서 두 사람을 본다.

그리고 그 다음, 나머지 하나의 의자(제2의 포지션)로 가서 상대방의 껍질을 덮어 쓰는 듯한 기분으로(완전히 상대방의 의식으로) 그 의자에 앉는다. 완전히 상대방 그 자체가 되었다고 상상하며, 맞은편 의자(제1의 포지션)에 원래의 자기가 앉아 있다고 생각한다. 그리고 나서 조금 전 자신이 이야기한 것에 대해 대답을 해본다.

대답이 끝나면 다시 제3의 포지션으로 돌아온다. 제3의 포지션에서 다시 제1의 포지션인 자기의 위치로 돌아와 상대방에게 하고 싶은 이야기를 한다. 마지막으로 제3의 포지션으로 나와 자기와 그 사람과의 관계를 바라본다.

　이 연습은 상대방의 입장이나 기분을 그냥 머리에서 이해하기보다는 실제로 상대방의 입장이 되어 그 때의 기분을 체험하도록 하는 것이 특징이다.

　'상대방 역시 이런 것을 생각하고 있었구나! 상대방은 나에 대해 이러한 측면을 보고 있었구나.' 등등…. 상대방에 대한 자신의 시각을 확인한다든지, 상대방의 입장을 새로운 관점에서 보게 되면, 그만큼 앞으로 그 사람과의 관계가 원만하게 될 수 있는 가능성이 넓어지는 것이다.

　정말로 불가사의한 일이지만, 이미 우리는 일상적인 커뮤니케이션 중에서도 무의식적으로 캘리브레이션을 이용하여 여러 가지 정보를 받아 들여 상대방의 입장을 이해하려고 노력하고 있다. 그런데 여기에 더하여 실제로 몸의 위치를 이동함으로써 완전히 상대방이 되면 그러한 무의식적인 생각이 현실과 같이 상대방의 언어로 변화되어 나타나는 것이다.

　이 포지션 체인지 연습은 실제로 그 당사자와 얼굴을 마주 대하여 하는 커뮤니케이션 장면에서 사용하는 방법은 아니다. 우선 처음에는 혼자서 해본 다음에 어느 정도 능숙하게 되었을 때 실제로 다른 사람과의 커뮤니케이션에 활용하는 것이다.

　'그 사람과는 마주 앉기 싫은데? 왜 저 사람은 내가 말하는 것을 몰라주는 거야?' 라고 생각되는 상대방이 있다면 우선 포지션 체

제1의
자기 포지션
(자신)

제2의
포지션
(상대방)

제3의
포지션
(뉴트럴)

포지션 체인지 연습의 위치

인지를 한두 번 반복해서 연습해 보고 실제로 응용해 보길 바란다. 그 사람을 이해하고, 그 사람과의 인간관계를 개선하는 데 매우 도움이 될 것이다. 이것을 마스터한 다음에는 실제 몸의 위치를 바꾸지 않고서도 의식만으로 포지션 체인지를 할 수 있게 되며, 자연스럽게 모든 대화에 적용할 수 있게 된다.

갈등을 해소하는 갈등의 역학

지금부터는 포지션 체인지를 이용하여 관계를 회복한 한 사례를 보여드리고자 한다. 이 여성은 고부간의 갈등 때문에 부부 사이에 문제가 생긴다고 생각한 사람이었는데, 그녀는 이 방법으로 해결의 실마리를 찾게 되었다.

그녀는 고부갈등으로 이혼까지 생각하고 있었는데 '시어머니와 함께 있는 것을 참을 수 없다, 시어머니와 따로 산다면 행복할 것 같다, 시어머니가 조금만 잔소리를 하지 않고 간섭하지 않으면 살 것 같다.' 며 하소연했다. 전형적인 '상대방이 바뀌어야 내가 행복하게 된다.' 는 말투였던 것이다.

평소에 시어머니와 얼굴을 마주 대하고서는 아무것도 말할 수 없다는 그녀였지만 나는 일단 시어머니가 자신의 말을 들어준다는 전제 아래 포지션 체인지를 유도했다.

먼저, 그녀는 제1의 포지션에 앉아 맞은 편의 시어머니에게 이야기를 걸었다.

"어머님, 언제나 저에게 이렇게 해라, 저렇게 해라 잔소리만 하시고 그이와 제가 얘기할 때마다 끼어 드시는 것을 보면 어머님이 저를 업신여기고 있다는 느낌이 들어요. 제가 어머님과 결혼한 것도 아닌데 남편의 존재조차 느끼지 못할 정도로 어머님이라는 존재가 저를 짓눌러 숨쉬기도 거북한 느낌이죠. 이런 감정을 어디, 누구에게 말 할 수도 없고 하니까 그것만으로도 신경이 곤두서고, 죽고 싶을 정도로 서러운 생각이 듭니다."

이렇게 말하고 나서 그녀는 제3의 포지션으로 나와 심호흡을 하여 의식을 바꾸고 이번에는 제2의 포지션(시어머니) 속으로 들어갔다. 그리고 제1의 포지션에 있는 그녀 자신과 마주했다.

"미안하다. 네가 그렇게 괴로워 할 줄은 몰랐다. 네가 열심히 한다는 것은 잘 알지만 살림하는 방식이 나와는 다르다는 느낌이 들었단다. 그래서 잘못되지 않도록 가르쳐 주려는 생각에서 이것저것 여러 가지 말을 했던 거야. 그것이 너에게 잔소리로 생각되고 그토록 괴롭힐 줄은 전혀 생각도 못했구나. 지금까지 무뚝뚝한 아들 녀석 밖에 없어서 말하는 재미도 못 느끼고 살아오다가 말상대를 할 수 있는 딸 같은 네가 생겨서 참 좋았는데…."

이어서 그녀는 다시 제3의 포지션으로 나와 심호흡을 하고 의식을 바꾸어 제1의 포지션의 자신에게 돌아갔다.

거기서 시어머니를 다시 한번 보았을 때 이제까지 느꼈던 사납고 억센 시어머니의 모습, 그리고 덮쳐 오는 듯한 두려운 느낌은 사라지고, 그녀 스스로 시어머니의 어떤 긍정적인 의도를 느끼기 시작하는 것 같았다.

"어머님께서 애정이 담긴 마음으로 저에게 그러셨다는 걸 이제야 알게 되었어요. 제가 일하는 것 중에 어머님과 방식이 다른 것이 있어서 그러셨군요. 맞아요. 어머님께서 일일이 번거롭게 그걸 이야기해 주시는 것도 쉬운 일은 아니셨을 거예요. 이제부터는 저도 제가 잘 모르는 것은 먼저 여쭈어 보겠습니다. 어머니께서 지나치게 말씀하신다고 생각될 때는 '그렇게 까지 말씀하지 않으셔도 됩니다.' 라고 정직하게 말씀드리겠습니다."

그녀는 제1의 포지션에서 시어머니에게 이렇게 대화했다.

위와 같이 새로운 미래를 향해 선언을 시작한 그녀에게 나는 퓨처 페이스(Future Pace) 기법을 도입하여 다른 질문을 던져 보았다. 퓨처 페이스란 어떤 NLP 기법을 적용하고 난 후 처음에 클라이언트가 가지고 왔던 문제가 '이제부터는 어떻게 될까, 미래에는 어떻게 달라질까?' 를 중요하게 여기고 항상 체크하는 과정을 말한다.

"이제 집으로 돌아가 시어머니와 다시 만날 것을 떠올리면 어떤 느낌이 듭니까?"

"조금 어색하지만 생긋생긋 웃으면서 시어머니의 말씀을 받아들일 수 있을 것 같아요. 시어머니가 쌀쌀 맞게 말하는데도 생긋생긋 웃는 제모습도 보이네요."

그 뒤 그녀로부터 걸려온 전화 한 통은 카운슬러라는 내 직업에 대한 자부심을 느끼게 하기에 충분했다.

"이젠 시어머니와 가끔씩 말다툼을 해요. 전에는 시어머니 앞이라면 고양이 앞의 쥐처럼 아무 말도 못한 채 꼼짝도 못했는데 이제 당당한 한 사람의 인간이자 며느리로서의 자신감이 생겨서 대등한 느낌으로 말할 수 있게 되었습니다. 그리고 그렇게 사소한 말다툼을 할수록 시어머니와 정이 붙는 것 같아요."

전혀 다른 곳에 묻혀 있는 진짜 이유

포지션 체인지를 색다르게 이용한 다른 사례를 하나 더 보기로 하자.

알랭 씨(가명)는 53세의 프랑스계 캐나다 인이었다. 그에게 적용했던 포지션 체인지는 제2의 포지션, 즉 상대방 속에는 들어가지 않고 제1의 포지션과 제3의 포지션에서만 진행했던, 조금 변형된 방법이었다. 알랭 씨가 안고 있던 문제는 대학원 졸업이 얼마 남지 않았는데 도무지 공부에 집중할 수 없다는 것이었다. 우선, 나는 그가 대학원에 들어간 목적이라든가 공부에 집중할 수 없는 이유 등 알랭 씨가 말하는 것을 그저 잠자코 듣고만 있었다. 그러던 중 알랭 씨는 자신이 느끼고 있는 죄책감에 대하여 이야기하기 시작했다.

"딸에게 죄책감을 느껴요. 제가 28년 전 아내와 이혼했을 때 그 아이를 부모님께 맡겼는데 오른쪽 손이 마비되어 움직이지 못합니다. 병원에 가서 보였지만 무엇인가 정신적인 것이 원인일 것이라고만 했습니다. 그게 다 제 탓인 것 같아요."

"그 따님은 지금 몇 살이나 됐죠?"

"25살…."

그는 벌써 10년 가까이 딸을 만나지 못했다고 했다. 딸은 캐나다에 살고 있고 그는 아시아를 맴돌며 일을 하고 있었으니까…. 그는 나의 설명에 따라 제1의 포지션에 앉았고 딸에 대해 눈물을 흘리며 사죄하기 시작했다.

"네가 해달라면 무엇이든 해주고 싶었지만 그러지 못했구나. 내가 나빴다…."

이어서 그에게 제3의 포지션으로 나갔다가 제2의 포지션, 즉 딸의 위치로 갈 것을 요구했다. 그러자 알랭 씨는 잠시 멈칫하고 몸이 조금 긴장되더니 끝내 울음을 터뜨렸다.

"괴로워서 들어갈 수 없습니다."
"그렇다면 무리해서 들어가는 것은 그만 둡시다. 지금 제3의 위치에서 두 사람의 관계는 어떻게 보입니까?"
"딸의 모습은 안 보입니다. 상대편을 향하여 매달리는 듯한 아버지의 모습 밖에 안보입니다."
"그러면 다시 한번, 자신의 속으로 들어가 봅시다."

그는 제1의 포지션의 자기에게로 돌아가 거기에서 딸을 향하여 '너는 여전히 괴로워하고 있을 테지.' 라며 또 울면서 말을 건넸다. 그리고는 다시 제3의 포지션으로 나왔다. 그러자 이번엔 자신의 이야기를 그저 담담하게 듣고 있는 딸의 모습이 보인다고 했다.
이렇게 그는 몇 차례 제1, 3의 포지션을 들락날락 했고 마지막으로 제3의 포지션으로 나왔을 때 "이젠 왠지 딸과 친밀한 대화를 할 수 있을 것 같아요."라고 말했다.

그때 나는 퓨처 페이스를 시도했다.

"실제로는 어떻게 할 생각입니까?"

"집으로 돌아가면 바로 E-mail을 보내겠습니다. 내가 얼마나 보고 싶어 하는지, 그리고 얼마나 미안해 하는지에 대해…"

그러자 그의 안색은 매우 밝아졌고 처음에 왔을 때와는 완전히 다른 표정으로 바뀌어 있었다. 얼굴엔 핑크 빛 혈기가 비치고 자세도 올바르게 달라져 있었다.

한편, 알랭 씨는 상담 중에 의식의 깊은 부분에 닿으려고 하면 순간적으로 실없이 킬킬거리며 무의미한 웃음을 짓는 특징이 있었다. 자신의 깊은 곳을 건드리는 질문이라고 생각되면 '그건 말할 수 없지. 안 되지.' 라는 신호라도 되는 듯이 그 이상한 웃음이 나오는 것이었다. 그렇지만 나중에는 그러한 웃음도 더 이상 짓지 않게 되었다.

알랭 씨는 처음에 공부에 집중할 수 없다며 나를 찾아왔지만 포지션 체인지 후 마음에 앙금처럼 남아 있던 딸에 대한 죄책감이 해소되자 공부에 대한 집중여부는 더 이상 그에게 큰 문제가 아닌 듯이 보였다. 공부를 마치면 유럽에 가서 교수가 되겠다는 커다란 꿈까지 나에게 이야기 해 주었으니까….

이 사례를 좀더 깊이 살펴보면 '딸을 불행하게 한 자신은 행복해져서는 안 된다' 라는 생각이 알랭 씨의 무의식 속에 있었고, 그것이 대학원을 졸업함으로써 얻을 수 있는 본인의 행복을 거부하도록 작용했다는 것을 알 수 있다. 알랭 씨가 가진 문제의 원인이 의외의 장소에 숨겨져 있던 셈이다.

포지션 체인지 연습

마주치기 싫거나 상대하기가 께름칙한 사람과 의자에 마주 앉아 있다는 설정으로 시작합니다.

A가 당신이고 B는 가이드입니다. B는 제3자의 입장에서 안내하고 A는 그 가이드에 따라서 질문에 대답하든지 포지션을 이동합니다.

● 준 비

1. 의자를 2개 준비하고 서로 마주보게 배치합니다.

    (간격은 40~50센티미터 정도가 좋습니다.)

2. A는 일상생활 중에서, 또는 지금까지 살아오면서 상대하기 싫었던 사람이나 불편한 관계를 개선하고 싶었던 사람을 한 사람 선정합니다.

3. A는 자기의 의자 (제1의 포지션)와 지금 선정한 상대방의 의자 (제2의 포지션), 그리고 두 의자 사이에 제3의 포지션을 설정합니다.

4. A는 먼저 자기의 의자에 앉습니다. 그리고 맞은편 의자에 앞에서 선정한 상대방이 앉아 있다고 상상합니다.

5. B는 A의 시계(視界)에 들어가지 않도록 A의 어깨 뒤에 약간 몸을 낮추어 앉습니다.

자, 이제 준비가 다 되었습니다. B가 가이드를 시작합니다.

B : 당신 앞에 앉아 있는 사람은 누구입니까?

A : ____씨입니다.(상대방의 이름을 대답합니다.)

B : 그 사람과 있으면 어떤 기분입니까?(B는 A에게서 체험을 듣습니다.)

A : (거북한 느낌, 무거운 느낌) ____ 등등 입니다.

B : 당신 앞에 있는 ____씨에게 하고 싶은 말을 전하세요.

A : ____씨, ...

B : 모두 전하였습니까?

A : 예.

B : 당신의 모든 것은 지금 자리에 두고 천천히 제3의 포지션으로 나와 주세요.

(A는 자신을 제1의 포지션에 그대로 두고 자기의 껍질 밖으로 벗어나는 느낌으로 나옵니다. A와 B가 함께 제3의 포지션에 섭니다.)

B : 심호흡을 합시다.(두 사람이 함께 크게 심호흡을 합니다.)

(B는 A가 완전히 자기로부터 벗어나 있는 것을 체크하기 위하여 지금까지의 대화와 전혀 관계없는 질문을 합니다. 이것을 뉴트럴 체크(Neutral Check)라고 합니다. 질문은 간단하게 의식을 바꿀 수 있는 것이라면 무엇이든 좋습니다.)

B : 오늘 아침식사는 뭘로 하셨나요?

A : 토스트와 계란 프라이를 먹었습니다.

B : 여기에 앉아 있는 사람은 누구입니까? (A가 앉아 있던 제1의 포지션을 가리킵니다)

A : A씨입니다. (자신이 앉아 있던 자리를 제3자로서 바라보며 대답합니다)

B : 이쪽에 앉아 있는 사람은 누구입니까?(다른 한 쪽 의자를 가리킵니다.)

A : ____씨입니다.

B : 천천히 ____씨 속으로 들어가 주세요.(A는 천천히 제2의 포지션에 앉습니다)

B : ____씨, 앞서의 이야기를 듣고 A씨에게 하고 싶은 말을 전해 주세요.

A : A씨, ...

B : 이야기가 끝났습니까?

A : 예

B : ____씨, 당신의 기분과 몸을 거기에 그대로 두고, 천천히 제3의 포지션으로 나와 주세요. (두 사람이 함께 제3의 포지션에 섭니다)

B : 심호흡을 합시다.(두 사람이 함께 심호흡을 합니다)

B : 그런데 오늘 아침에 몇 시에 일어났습니까? (뉴트럴 체크)

A : 7시입니다

B : 여기에 앉아 있는 사람은 누구입니까? (____씨의 의자를 가리킵니다.)

A : ____씨입니다.

B : 이쪽에 앉아 있는 사람은 누구입니까? (다른 쪽 의자를 가리킵니다.)

A : A씨 입니다. ('씨'라는 호칭을 쓴다면 A는 완전히 디소시에 이트 된 상태라고 볼 수 있습니다.)

B : 천천히 A씨 속으로 들어가 주세요. (A는 천천히 원래의 의자에 앉습니다.)

B : A씨, 앞서의 이야기를 듣고 ＿＿＿씨에게 하고 싶은 말을 전해 주세요.

A : ＿＿＿씨, ...

B : 전부 이야기했습니까?

A : 예.

B : 처음에 ＿＿＿씨와 마주 했을 때와 비교해서 지금은 어떤 차이가 있습니까? (A는 지금의 기분을 이야기합니다.)

B : 그러면 다시 한번 제3의 포지션으로 나와 주세요. (두 사람이 함께 나란히 섭니다.)

B : 여기에서 서로 마주 보고 있는 두 사람의 관계는 어떻게 보입니까? 어떤 가능성이 있어 보입니까?(A는 어떻게 보이는지를 이야기합니다.)

그리고 다시 제1의 포지션으로 돌아와 상대방에게 하고 싶은 이야기를 합니다. 마지막으로 제3의 포지션으로 나와 자기와 그 사람과의 관계를 봅니다.

4

NLP는 스스로 문제의 원인을 발견하고 그 해결을 위한 길을 찾도록 돕는

탁월한 심리기법들의 집합체이다. 이 장에서는 이런 NLP의 효과적인 기법들을 확인하고

직접 실행할 수 있는 실제적인 여러 방법들을 배우고 실행해 본다.

Neur

행복, 만족, 그리고 유토피아를 향해

nguistic Programming

의식이 바뀌면 해결 능력이 생긴다

리소스풀한 상태를 몸에 기억시키다 － 앵커링(Anchoring)

의식 속에 존재하는 시간의 흐름 － 타임 라인(Time Line)

성공인이 되어 보다 － 모델링(Modeling)

버리고 싶은 기억 vs 갖고 싶은 경험의 교체 － 스위시(Swish)

의식이 바뀌면 해결 능력이 생긴다

행복으로 가는 NLP 기법

NLP를 사용하는 커뮤니케이션, 문제 해결, 자기 개선의 과정은 자신이 정말로 원하는 것, 그리고 그것의 실현을 가로막는 것을 발견하도록 돕는 동시에 본인에게 이미 내재된 해결 능력, 그리고 바람직한 상태를 실현하게 하는 힘을 이끌어 내도록 도와준다.

앞에서 소개한 포지션 체인지 연습도 그 중 하나이다. 포지션 체인지는 실제로 몸을 움직여 자기에게서 디소시에이트하거나 상대방의 입장이 되는 것을 보다 리얼하게 체험할 수 있는 대단히 효과적인 방법이다.

이처럼 NLP에는 포지션 체인지와 같은 대단히 효과적인 기법들이 여러 가지 있다. 대부분의 기법은 몸을 움직이거나 시각, 청각, 체감각을 적극적으로 활용하고 무의식적인 부분에 질문을 하여 우리가 자신의 깊은 곳을 들여다보게 하도록 유도해 줄 것이다. 또한 리소스풀한 상태를 만들기 위하여 과거의 리소스풀한 체험을 기억한다든지, 미래의 바람직한 상태를 실제로 이미지 하여 만들어 내고 그 감각을 맛보는 경우 등에도 이런 기법들은 대단히 유효하다.

이제부터 대표적인 몇 가지 기법들을 소개하면서 그것으로 문제를 해결하고 자신의 바람직한 상태를 실현한 사례를 소개하려고 한다. NLP 기법들은 어느 것이나 강력한 효과를 발휘하므로 자신에게 가장 잘 어울리는 기법을 선택하여 지속적으로 활용하면 자연스럽게 자신의 의식과 행동을 변화시킬 수 있을 것이다.

나는 단 한 번의 대화와 세미나로 사람들이 극적으로 변화하는 것을 수없이 보아왔기 때문에 가능한 한 명확하고 객관적으로 이 방법들을 여러분들에게 소개하고자 한다. 책을 차근차근 읽어나가며 제시된 연습방법대로 꾸준히 실행하다 보면 당신도 NLP 전문 트레이너 못지 않게 여러 가지 기법들을 활용할 수 있을 것이다.

리소스풀한 상태를 몸에 기억시키다
— 앵커링(Anchoring)

나의 몸에 스위치를 만드는 방법

'앵커(Anchor)'란 닻을 의미하는데, NLP에서 앵커링이란 바다 밑에 닻을 내려 배를 일정한 위치에 머물게 하는 것처럼 자신의 리소스풀한 상태의 감각을 신체의 일정한 부위에 머물게 하는 방법을 말한다.

우리는 이미 앞에서, 자신감에 차 있던 상태나 기쁨에 넘쳐 있던 상태(리소스풀한 상태)의 체험을 기억하고 그때의 감각을 다시 느끼는 연습을 해보았다. 앵커링은 그런 리소스풀한 상태에서의 느낌들, 예를 들면 가슴 벅차 오르는 느낌, 상쾌한 느낌, 몸이 뜨거워지는 느낌, 여유 있고 느긋한 느낌 등을 금방 되살려 낼 수 있게 하는 방법인 것이다.

앵커링은 특히 몸의 일부를 잡거나 만지는 체감각을 활용하기 때문에 그 효과가 매우 높고 지속적이다. 또한 혼자보다도 두 사람이 함께 실행할 때 더 큰 효과를 볼 수 있다.

당신이 앵커링 기법을 활용하고 싶으면 해결하기 힘든 문제에 빠져 있는 당신 주위의 친구나 가족에게 우선 적용시켜 보는 것도 좋다. 어떤 문제를 해결하고자 하는 친구가 있다고 가정해 보자. 그럼, 그 친구에게 아래와 같이 지시해 보라.

"지금까지 당신의 인생에서 가장 리소스풀했던 체험을 떠올리고 그때의 감각을 시각, 청각, 체감각으로 확실히 나누어 느껴 봐라."

그때 당신은 자신의 손으로 친구의 팔목을 잡거나, 혹은 무릎에 손을 대어 조금 압력을 가한다. 그렇게 하면 그 친구는 다시 리소스풀했던 체험을 떠올리려고 할 때 일부러 기억하려 애쓰지 않아도 당신이 느끼도록 한 체감각을 이용하여 쉽게 리소스풀했던 체험을 기억해 낼 수 있는 것이다. 예를 들어, 친구가 "회사에서 공로상을 받을 때, 그 순간이 너무 기뻤어."하고 말하는 순간, 무릎을 지긋이 눌러서 압력을 느끼게 해주었다고 하자. 그러면 그 친구는 다음에 또 다시 리소스풀했던 기억을 떠올리려 할 때, 추상적인 관념의 기억이 아니라 무릎에 느껴지던 그 체감각을 먼저 떠올리는 것이다.

이런 앵커링이 숙달되면 혼자서도 쉽고 빠르게 리소스풀한 상태를 경험할 수 있다. 앵커링이란 이처럼 리소스풀한 상태를 불러 일으키는 스위치와 같은 역할을 하는 방법인 것이다.

앵커링 엑서사이즈를 한번 해두면 나중에는 무엇인가 거북한 일을 하려고 하거나 망서려질 때마다 언제든지 이 스위치를 켜서 자신감을 회복할 수 있다. 또, 사람들 앞에서 이야기를 한다든지, 힘겨운 일에 직면하고 있다든지 할 때도 이 스위치를 켜 금방 리소스풀한 상태가 될 수 있다. 그리고 대단치 않은 불쾌한 느낌, 낙심, 고통스러운 체험이나 생각하기 싫은 사람을 기억했을 때, 사람들과 이야기를 하는 도중이나 사람과 만나기 전에 일어나는 불쾌감 정도라면 이 스위치를 켬으로써 쉽게 기분을 전환할 수 있을 것이다.

앵커링은 이런 체감각 외에도 어떤 상징을 보거나 어떤 말을 읊조리는 등 다양한 방법을 활용하기도 한다. 예를 들어 '무서울 땐 손바닥에 사람 인(人)자를 써서 마셔라' 라는 등의 다소 황당한 방법이나 스포츠 선수들의 다양한 징크스들도 일종의 앵커링이라고 할 수 있다.

사라지지 않는 문제를 다른 곳으로 이전시키다

자, 이제 앵커링을 통해 비즈니스 문제를 해결한 사례를 소개하고자 한다. 신체 일부에 스위치를 설정하는 것은 일반적으로 다른 사람이 해주는 경우가 많지만, 이번 사례에서는 처음부터 문제를 갖고 있는 사람 스스로가 스위치를 설정하도록 했다.

인숙 씨(가명)는 32세로 능력 있는 캐리어 우먼이었는데, 회사 일로 무척 스트레스를 받고 있었다.

"최근 몇 달 동안 사장이 저에게 화를 있는 대로 내는 거 있죠. 요즘 같은 때 일을 시켜주는 것만도 고마운지 알라면서 말이죠. 게다가 새파란 남자 직원들까지도 저를 깔보고 이것저것 명령하는 거예요."

인숙 씨는 그전에도 직업을 바꾸고 싶다며 몇 번씩이나 불평을 하곤 했었다. 하지만 그때는 전직이나 장래의 희망들에 대해 얘기하며 대단히 의욕적으로 보였는데, 이번에는 사장과 남자직원들의 폭언으로 마음이 갈기갈기 찢겨져 그들의 말을 기억하는 것만으로

미래의 리소스풀한 자기의 이미지를 앵커링한다.

도 기운을 잃고 우울한 기분에 빠져드는 것처럼 보였다. 회사에서 받은 스트레스들이 집에 가서도 고스란히 남아 그녀를 점점 절망하게 했던 것이다. 나는 일단 이야기를 차분히 듣고 나서 회사 문제를 떠나 3년 후, 아니면 5년 후에는 어떻게 되고 싶냐고 물어 보았다.

"결혼하고 싶어요."

"결혼하고 그 다음에는요?"

"카운슬링 공부를 해서 카운슬러가 되고 싶어요."

"자, 그럼 일단 결혼을 했다고 합시다. 그 다음엔 어떤 그림이 보입니까?"

나는 '만일, 내가 원하는 그대로 이루어졌다면(As if)'의 방법을 시도했다.

"햇볕이 잘 드는 고층 아파트인데 남편이 있고 아이들도 있어요. 카운슬러 자격증도 땄는데 마침 오늘이 처음 일하러 가는 날이어서 가슴이 울렁거리네요."

"그 그림을 확실하게 보아주세요. 혹시 어떤 소리가 들립니까?"

"'행복해'라고 말하는 저의 목소리가 들립니다. 그리고 남편과 아이들이 웃는 소리도 들립니다."

"몸은 어떤 느낌입니까?"

그녀는 오른손으로 가슴 근처를 몇 번이고 쓸어 내렸습니다.

"가벼워요. 울렁울렁한 느낌도 들고요. 여기가 자꾸 울렁울렁거리려요."

"자, 심호흡을 하고 지금 울렁울렁 거리는 부분에 손을 대어 주세요. 그리고 계속해서 '아, 행복해, 너무나 행복해' 라고 말하는 자신의 목소리를 들어 보세요."

그녀는 오른손을 가슴에 대었다. 그러자 그녀의 얼굴이 점점 밝게 피어올랐다.

그리고 자신의 행복한 영상을 끌어당기듯 왼손을 움직여 오른손 위에 천천히 겹쳐 대고 깊은 심호흡을 반복하였다. 그녀의 가슴에 스위치가 설정된 것이다.

"자 이제, 내일 회사에 가는 그림을 떠올려 봅시다. 사무실 문을 열었습니다. 사장이 앉아 있고…, 어떤 느낌입니까?"

"사장과 활기차게 인사를 해요. 불쾌한 느낌이 없어져 버렸어요."

"그러면, 옆에 앉아 있는 남자 직원은 어떻습니까?"

"끈덕지게 무엇인가를 제게 말하고 있지만 저는 그것을 웃으며 흘려듣고 있어요."

그녀가 처음에 안고 있던 문제는 사장과 남자직원들의 폭언이었다. 하지만 그녀는 이제 그런 문제들이 느껴질 때마다 앵커링 기법을 활용하게 되었고, 앞으로 잘 되어 갈 것이라는 믿음으로 현재의 문제를 덮어버릴 수 있었다. 그리고 전처럼 활기차게 생활할 수 있었다(덧붙여 그녀는 나에게 카운슬러라는 직업에 대해 한 보따리 질문을 쏟아 놓고는 돌아갔다).

120

풍선을 타고 학교로 두둥실~

어느 일요일에는 나이가 지긋한 한 여성이 학교에 가지 않으려는 초등학교 3학년 남자아이를 데리고 나를 찾아왔다. 이 아이는 어머니가 손을 잡고 억지로 끌고 가야 겨우 학교에 갈 수 있는 상태였는데, 갑자기 유아퇴행이라도 되어버린 것처럼 엄마 품속에서만 머물려 하고 있었다.

나는 아이와 이것저것 이야기를 했는데, 그 과정에서 아이가 갖고 있는 흥미로운 이미지에 대해 알게 되었다.

"저는 풍선이 되어 둥실둥실 어디라도 날아갈 수 있어요."

나는 이 점에 착안하여 아이의 눈을 감게 하고 풍선이 되어 들판과 산을 넘고 혼자서 바다를 건너는 이미지를 떠올리게 하였다. 그런 다음 학교에 갈 때 풍선이 된 자신을 엄마가 손에 들고 가다가 교문 앞에서 풍선을 놓으면 둥실하고 떠올라 교실로 쓰윽~, 들어간다는 이미지를 반복적으로 떠올리도록 했다.

다음 날, 월요일이 되었다. 그날도 어머니는 평소처럼 아이의 손을 잡고 학교로 향했다. 하지만 교실까지는 같이 가지 않고 교문 앞에서 아이를 마주 세웠다. 그리곤 아이의 어깨를 잡으며 물어보았다.

"풍선처럼 둥실둥실 떠서 날아갈 수 있는 거지?"

그러면서 그때까지 잡고 있던 손을 놓았다. 그러자 아이는 신기하게도 풍선의 이미지대로 혼자서 교실까지 갈 수가 있었다. 이날

이후 아이와 엄마는 점점 집에서 가까운 장소에서 손을 놓았고 아이는 2주일만에 혼자서 학교에 갈 수 있게 되었다.

당신의 일상에 스며 있는 앵커링

이 앵커링은 일상 생활에도 얼마든지 적용할 수 있다. 예를 들어 영업 업무를 하는 사람이라면 중요한 계약을 매듭지었을 때의 리소스풀한 상태를 앵커링하여 새로운 고객과 만날 때마다 그 앵커링을 불러일으킨다면 언제든지 생기 넘치는 상태에서 상담을 매듭지어 계약 성공률을 높일 수 있을 것이다.

또 만나기 거북한 사람과 만날 때나 프리젠테이션에 앞서서도 자신이 미리 설정한 앵커링을 떠올리면 좀더 즐겁고 여유 있게 사람들을 대면할 수 있게 될 것이다. 특히, 자녀와 이야기하기 어려워하는 부모, 최근 부인이나 남편에게 말 걸기가 서먹해졌다고 생각하는 사람이 있다면 앵커링을 꼭 권하고 싶다.

그런데 이렇게 의식적으로 앵커링을 설정하지 않아도 우리는 무의식중에 이를 활용하는 경우가 많다. 어린 시절에 즐겨 부르던 노래를 들으면 그리운 그 시절의 기분으로 돌아간 듯하여 가슴이 따뜻해지는 것처럼 말이다. 이러한 현상은 어린 시절의 상황이 우리에게 앵커링되어 있기 때문에 가능한 일이다.

앵커링 연습

두 사람이 짝지어 서로 앵커링을 해줍니다.
먼저 B가 A를 가이드하는 것으로 하죠.

A와 B는 정면, 아니면 비스듬히 서로 마주 보고 앉습니다. 두 사람의 거리는 손을 뻗으면 서로의 몸, 팔, 무릎에 닿을 수 있을 정도면 됩니다.

B : 당신이 대단히 좋은 결과를 거둔, 대단히 리소스풀했던 체험을 기억해 주세요. (A는 자신의 체험을 한 가지 기억해 냅니다.)

B : 그때, 그 장소로 되돌아가서 당신이 체험하고 있는 것을 보고, 듣고, 느껴 주세요. (A는 그때의 체험 속으로 들어갑니다.)

B : 무엇인가 보입니까? (A는 보이는 대로 대답합니다. 그리고 B는 A의 말에 맞장구 쳐주며(백트래킹) A의 몸(팔목, 또는 무릎이 좋습니다.)의 한 부분을 약간 힘주어 누릅니다.

B : 무엇이 들립니까? (A는 들리는 대로 대답합니다. B는 역시 백트래킹하면서 같은 부위를 같은 압력으로 누릅니다.)

B : 몸의 느낌은 어떻습니까? (A는 몸에서 느끼는 체감각을 말합니다. B는 마찬가지 방법으로 A의 몸에 압력을 가하죠. 그리고 A의 의식을 바꾸기 위해 '어제 저녁에 무엇을 먹었습니까?, 당신의 전화번호는?' 등의 질문을 하고 설정된 스위치를 눌렀

을 때 A가 바로 리소스풀한 상태로 되돌아가는지를 체크합니다. A가 기분이 좋아지면 O.K입니다. 그리고 다음 단계로 진행하죠.)

B : 이제 조금 불쾌한 느낌이 드는 상태를 기억해 주세요. (A가 불쾌한 느낌이 되었음을 캘리브레이션을 통해 확인합니다. 그리고 다시 설정 스위치를 눌렀을 때의 A의 기분 변화 역시 캘리브레이션 합니다. 불가사의하게도 A의 불쾌한 느낌이 사라지는 것을 확인할 수 있을 겁니다.)

앵커링의 가장 중요한 포인트는 가이드의 손이 상대방의 몸에 닿는 타이밍입니다. 상대방의 상태를 충분히 캘리브레이션해서 리소스풀한 상태가 최고조에 달하기 직전이 앵커링하기에 가장 적절한 타이밍이죠.

의식 속에 존재하는 시간의 흐름
— 타임 라인(Time Line)

몸을 움직여 미래와 과거로 가다

"미래의 바람직한 상태를 그림으로 떠올려 봅시다."
"과거에 있었던 리소스풀한 상태를 기억해 봅시다."

NLP에서는 이렇듯 '미래'와 '과거' 같이 시간과 관련된 말들이 자주 쓰인다. 그만큼 시간의 흐름을 중요하게 다루고 있다는 얘기다.

의식 가운데 있는 시간의 흐름은 대체로 한 줄기 선으로 되어 있는데 우리는 이것을 '타임 라인'이라고 부른다. 그리고 사람들은 각각 서로 다른 타임 라인을 가지고 있다. 보통은 '과거, 현재, 미래' 순으로 연결되어 있는데 '과거는 뒤이고 미래는 앞', '과거는 왼쪽이고 미래는 오른쪽', 이렇게 시간의 연결을 직선에 가깝게 표현하는 사람이 많긴 하지만 어떤 사람들은 '과거는 비스듬하게 뒤이고 미래는 비스듬하게 앞', '과거는 왼쪽으로 비스듬한 앞이고 미래는 오른쪽으로 비스듬한 앞' 등으로 사선이나 V자형으로 타임 라인을 표현하기도 한다.

'미래로 가 봅시다'라고 말하고, 실제 이 타임 라인을 따라 미래의 방향으로 몇 걸음이라도 걸어보면 사람들은 대부분 정말로 '미래에 왔다'고 하는 감각을 몸으로 느끼게 된다. 반대로 '과거로 돌아가 봅시다'라고 말하고 과거의 방향으로 걸어보면 정말로 다시 과거로 돌아온 듯한 체감각을 경험한다. 실제로 몸을 움직이는 것이 머리로 상상할 때보다 더욱 구체적으로 과거와 미래의 시각과 청각, 그리고 체감각을 느끼게 해주기 때문이다.

앞서 3장에서 눈동자의 움직임으로 상대방의 상태를 읽는 방법(아이 억세싱 큐 참조)을 소개하였을 때 왼쪽이 과거, 오른쪽이 미래라고 하는 사람이 많다고 했는데, 그것은 이 타임 라인이 왼쪽(과거)에서 오른쪽(미래)을 향하여 뻗어 있는 사람이 많기 때문이다.

타임 라인과 앵커링 연습에서 과거의 체험을 기억할 때, 실제로 이 타임 라인에 따라 과거의 방향으로 이동해 보고, 미래의 일을 이미지하여 그릴 때에는 미래의 방향으로 이동해 보면 보다 선명하게 시각, 청각 그리고 체감각으로 된 이미지들을 떠올릴 수 있을 것이다. 지금 당장 자리에서 일어나 자신의 타임 라인을 바닥에 설정하고 몸을 움직여 보자. 먼저, 미래의 '바람직한 상태'를 이미지하고 타임 라인을 통하여 미래의 방향으로 나아가 그것이 실현된 상태를 이미지로 체험한다. 다음으로 과거의 방향으로 되돌아가 과거의 리소스풀했던 체험을 선명하게 기억하고 그 리소스풀한 감각을 앵커링한다. 그리고 리소스풀한 상태로 미래의 방향으로 다시 이동하여 바람직한 상태를 떠올린다.

이렇게 미래의 바람직한 상태가 실현될 때의 한층 더 리소스풀한 감각을 자신에게 앵커링해 보자.

126

사람들은 각각 자기의 타임라인을 가지고 있다.

이 연습을 해보면 자신이 원하는 미래의 바람직한 상태가 '지금, 이미 실현되었다' 라고 느끼는 사람도 있다. 혹은 '그것을 실현하기 위한 리소스(능력, 조건)를 나는 이미 가지고 있다' 는 사실을 알아차리는 사람도 많다. 사람은 누구라도 자신의 타임 라인을 무의식적인 직감으로 읽고 있다. 부정적인 기분에 빠져 있을 때에는 잘 보이지 않지만, 전향적인 사고방식, 긍정적인 의식일 때에는 그것이 잘 보이고 의식할 수 있게 되는 것이다.

따라서 NLP에서는 각 개인의 타임라인을 구체적으로 형상화시키고 각각의 시점에서 떠오르는 긍정적인 요소들에 대하여 앵커링을 시도하게 된다.

낙관주의가 아니라 희망이다

"남편이 전근하게 되었는데 아이가 같이 따라가기 싫다며 반항적인 태도를 보여요. 엄마로서 어떻게 대처하면 좋을지 모르겠습니다."

43세의 주부, 현지 씨(가명)는 중학교 2년인 아들 때문에 고민하고 있었다. 그녀의 아들은 초등학교 시절부터 사귀었던 친구들과 헤어지기도 싫고 지금 학교에서 하고 있는 축구부 활동도 계속하고 싶다는 이유로 이사가는 것에 대해 대단한 불만을 표시하고 있었다. 그리고 낯선 학교로 전학가면 왕따를 당할지도 모른다는 생각 때문에 걱정도 한다고 했다.

남편은 아이가 그렇게 싫어하면 자기 혼자 생활할 수도 있다고 했지만, 그녀에게는 낯선 곳에서 혼자 고생하게 될 남편의 모습이 뻔히 보였기 때문에 이 역시 마음이 편치 않은 일이었다.

"현지 씨가 정말 원하는 것은 뭡니까?"
"남편과 아이, 그리고 저, 이렇게 셋이 함께 행복해지는 거죠."

나는 타임 라인을 통해 그녀가 생각하는 바람직한 미래의 방향으로 그녀를 유도했다.

"지금 어디에 있습니까?"
"집에서 식구들이 이사 문제에 대해 이야기하고 있어요. 각자가 자기의 생각을 확실하게 말하고 있습니다."
"좀더 앞으로 나가 보죠. 지금은 어떤 상태입니까?"
"가족 셋이 함께 식사를 하고 있습니다. 아들이 전학한 학교에 익숙해졌고 새로운 축구부에서도 실력을 인정받아 모두들 자기를 좋아한다고 자랑입니다. 남편도 그것을 듣고 기뻐합니다. 저는 이런 모습을 보고 아주 큰 행복감을 느낍니다."
다음에 나는 타임 라인을 과거 쪽으로 되돌려 그녀에게 과거의 리소스풀했던 체험 세 가지를 기억하게 했다. 최근의 리소스풀한 체험은 집에서 파티를 했을 때, 그녀가 직접 만든 케익이 맛있다고 모두로부터 칭찬받았던 일이었고 그전의 체험은 아들을 낳았을 때, 그리고 초등학교 시절 백일장에서 쓴 글이 교내 방송에서 소개된 일이었다.

나는 각 체험을 오래된 순서대로 타임 라인에 위치시키고 각각의 리소스풀한 상태를 앵커링하여 그녀가 다시 한번 미래를 향하여 진행하도록 유도했다. 그리고 다시 그녀의 상태를 물었다.

"우리 가족이 함께 있어요. 이사를 계기로 서로 진지하게 이야기할 수 있게 되었죠. 남편과 저는 벌써 주변 사람들과 친하게 되었고 아들도 학교생활과 축구부 활동을 활기차게 하고 있습니다. 우리 식구는 몸도 마음도 참 건강합니다."

실제로 현지 씨는 상담 후, 아들과의 대화를 통해 전학을 가도 얼마든지 새로운 친구를 사귈 수 있고 축구부 활동도 할 수 있음을 납득시켰고 그녀의 상상대로 행복한 새 삶터를 꾸릴 수 있게 되었다고 했다. 아들의 반항으로 불쾌한 그림만을 그리며 낙심하고 있던 그녀가 그것을 일단 옆으로 밀어 놓고 좋은 그림을 보기 시작하자 우선 그녀의 의식이 바뀌고 실제 삶도 바뀌었던 것이다.

아기 피부병의 원인은 남편이다

이번에는 약간 독특하게, 3살짜리 남자 아기의 아토피성 피부염에 관한 얘기를 해보자.

"아기의 아토피성 피부염이 잘 낫지 않아요. 제가 음식에 신경을 쓰고 집안을 청결히 유지하려고 무던히 애를 쓰는데도 잘 낫지 않네요."

이런 고민을 털어놓는 혜원 씨(가명, 29세)에게 나는 '아기의 아토피성 피부염이 완치된 상태'를 떠올리도록 하였다. 그리고 그녀에게 자신의 타임 라인을 확인하도록 한 다음 미래 쪽으로 나아가게 했다.

"지금 어디에 있습니까?"
"남편과 아기와 유원지에 있습니다."

나는 그녀에게 지금 보이는 것과 들리는 것, 그리고 느낌을 차례대로 질문했다. 그녀는 남편과 대화하는 장면을 떠올렸는데, 따뜻하고 의욕적인 기분이 든다고 했다. 그리고 계속해서 미래의 바람직한 방향으로 나아가자 아토피성 피부염이 다 나은 건강한 아기와 함께 있는 모습까지 떠올릴 수 있었다.

그 다음에는 타임 라인을 과거 쪽으로 진행하여 리소스풀했던 체험 세 가지를 기억하도록 유도했다. 사랑하던 사람과의 결혼, 정말 가고 싶었던 회사에 취업했던 일, 그리고 초등학교 시절 발레 발표회에서 상을 받았던 일이 그녀가 떠올린 기억들이다. 나는 각각의 경험들을 앵커링한 다음 조금 전 유원지를 떠올렸던 시점으로 그녀를 되돌아오도록 했다.

"지금은 어떤 상태죠?"

"집을 신나게 청소하고 있어요. 전에는 아기 건강 때문에 하기 싫은 청소를 억지로 했었지만, 지금은 그런 것을 의식하지 않고 매우 즐겁게 청소를 하고 있습니다. 남편도 아주 좋아해요. 아기와 관계없이 제가 맛있는 요리를 해주니까요."

그녀의 타임 라인은 미래의 바람직한 방향으로 계속 나아갔습니다.

"아기의 아토피성 피부염이 나았습니다. 그리고 남편과 대화하는 시간도 한층 늘었어요."

사실 그녀는 13세나 연상인 남편이 왠지 조심스러워서 아기의 병을 비롯한 여러 가지 고민들을 쉽게 털어 놓지 못했었는데 이제는 적극적으로 남편과 대화할 수 있을 것 같다고 했다. 나는 그녀의 리소스풀한 감각을 손을 단단히 움켜쥔 가벼운 승리의 포즈로 앵커링하도록 도왔을 뿐이었다.

반년 정도 뒤에 혜원 씨와 다시 만났을 때 그녀의 삶은 정말 바뀌어 있었다. 아기의 피부병도 말끔히 나았고 남편에게 느껴졌던 조심스런 감정도 완전히 없어졌다고 했다.

"제가 남편과 원활하게 대화하는 것이 아기에게도 크게 영향을 미친다는 사실을 깨달았어요. 아참, 그리고 우리 아기의 주치의도 바꿨어요. 전번 그 의사는 '그걸 쓰면 안 돼요, 그걸 먹이며 안 돼요.', 이렇게 겁만 주었는데 이번 의사는 무엇을 먹을 수 있는지, 무엇이 아기에게 좋은지 등을 말해줘서 너무 좋아요. 이 의사와 만난 것도 아토피성 피부염이 낫는 계기가 되었죠."

지금까지 소개한 사례는 아기의 아토피성 피부염이 단순한 피부병이 아닌, 자신과 나이 차가 많은 남편과의 불편한 관계에 기인한 문제였음을 보여주는 것이다. 일반적으로 아토피성 피부염이라고 하면 유전적으로 피부가 약하다거나 음식과 먼지 등으로 인한 알레르기 반응이지만, 신경이 섬세한 아기들은 엄마와 아빠의 불편한 관계를 감지하여 아토피성 피부염이라는 알레르기 반응이 일어날 수도 있다.

아토피성 피부염을 앓고 있는 성인 중 많은 사람들이 2~3세부터 이 병을 앓았고 부모님의 사이가 별로 좋지 않았다고 기억하는 점도 이와 무관하지 않을 것이다.

타임 라인과 앵커링 연습

두 사람이 합니다. A는 클라이언트로서 B의 가이드에 따라 과거나 미래를 체험합니다.

1. A(클라이언트)는 먼저 자신의 타임 라인이 어디에 있는지를 확인합니다.

   전후좌우로 충분한 공간이 있는 장소에 섭니다.

   "과거에 일어난 일을 기억할 때, 그것은 어느 방향에 있는 것으로 느낍니까?"

   "미래의 일을 상상할 때, 그것은 어느 방향에 있는 듯이 느낍니까?"

   지금 서 있는 곳이 현재이므로 아까 확인한 과거의 위치와 지금 서 있는 장소와 미래의 위치를 연결하는 선이 A의 타임 라인입니다.

2. B(가이드)는 A에게 질문합니다.

   "당신의 바람직한 상태는 무엇입니까?"

   A는 '자신이 원하는 결과'를 한 가지 정합니다.

3. B는 A에게 세 가지 질문을 합니다.

   "당신이 원하는 결과는 실현 가능합니까? (행동 레벨)"

   "당신은 그것을 실현하기 위한 능력을 가지고 있습니까? (능력 레벨)"

   "당신은 그것을 실현하기에 어울리는 사람입니까? (신념 레벨)"

이러한 질문 가운데 한 가지라도 '아니오'가 나오면 처음에 정한 '원하는 결과'를 다른 것으로 바꾸고 다시 한번 처음부터 새로 시작합니다.

대답이 세 가지 모두 '예'라면 다음으로 진행합니다.

4. B : "미래 쪽으로 향하여 다시 한번 원하는 결과를 자신이 확인해 주세요."

5. B가 "천천히 미래 쪽으로 향하여 원하는 상태가 실현되는 곳까지 나아갑시다"라고 가이드하고 A와 함께 걷기 시작합니다. B는 도중에서 A에게 질문합니다.

"지금 무엇을 하고 있습니까?"

"거기는 어디입니까?"

"누구와 함께 입니까?"

"어떤 상태입니까?"

"무엇이 들립니까?"

"몸의 느낌은 어떤 느낌입니까?"

A는 도중의 상황을 이야기합니다.

B가 "바람직한 상태가 실현되는 곳까지 더욱 더 진행하여 주세요."라고 가이드하고 그곳의 위치를 확인해 둡니다.

6. B : "그러면, 천천히 원래의 위치로 되돌아와 주세요."

함께 현재의 위치까지 되돌아옵니다.

7. B : "지금까지의 인생에서 대단히 리소스풀한 체험을 하였던 시점으로 천천히 되돌아옵니다. 타임 라인을 과거의 방향으로 걷

되 앞에 있는 미래를 향한 채로 천천히 뒷걸음질 하여 그 체험을 하는 곳에서 멈추어 주세요."

A가 멈추어 선 곳에서 B는 질문합니다.

B : "지금 어떤 체험을 하고 있습니까?"

A : 예시) "초등학교에 입학했습니다."

　　　　"결혼했습니다."

　　　　"스포츠에서 고통스러운 연습을 끝까지 해냈습니다."

　　　　"착한 애라고 칭찬 받았습니다."

B는 A가 그 체험에 잠겨 리소스풀한 상태에 있는 것을 잘 캘리브레이션하고 A의 몸(팔이 좋겠지요)에 앵커링합니다.

8. B : "더욱 더 과거에 있었던 리소스풀한 체험을 한 곳으로 돌아갑시다."

함께 세 가지 리소스풀한 체험의 위치로 돌아가 각각의 체험에 잠겨 앵커링합니다.

9. B : "그러면 과거의 리소스풀한 체험을 하나씩, 다시 한번 체험합시다."

오래된 순서로(세 번째의 위치에서부터) 타임 라인을 천천히 현재를 향하여 진행하면서 세 가지 체험 각각의 위치에서 멈추고 B는 A의 체험을 백트래킹하면서(반복하면서) 앵커링합니다.

10. 현재의 위치까지 돌아옵니다.

　　B : "어떤 느낌입니까?"

앵커링으로 리소스풀한 상태를 체크합니다.

11. B : "천천히 한 걸음씩 나아가면서 미래 쪽으로 진행하여 주
　　세요."

　　B는 앵커링을 지속하면서(예를 들면 팔에 손을 댄 채로) 함께
　　나아갑니다.

　　B는 A가 먼저 번에 멈추어 선 곳에서 "어떤 상태입니까?"라고
　　질문합니다.

　　A는 대답합니다. 먼저 번의 대답과 달라도 괜찮습니다.

12. A가 원하는 결과를 실현한 곳까지 나아가면 앵커링을 합니다.

　　B : "지금 원하는 결과를 실현한 느낌을 충분히 체험해 주세요."

　　A가 충분히 체험한 것을 끝까지 잘 캘리브레이션합니다.

　　B : "심호흡을 하고 자신이 포즈를 정하여 지금의 감각을 앵커
　　　링하여 주세요."

　　A는 그때까지 B가 해 준 앵커링을 자신의 한층 더 큰 앵커링
　　으로 바꿉니다.

엑서사이즈는 이상과 같습니다. A는 앞으로 언제 어디서나 이 마
지막 포즈를 취함으로써 원하는 결과를 실현했을 때의 감각을, 리
소스풀한 감각을 되살립니다.

자기의 원하는 결과가 마치 이루어진 듯한 그 느낌은 원하는 것을
현실적으로 실현하는 데 커다란 힘이 됩니다. 또, 과거의 리소스풀
한 체험도 충분히 앵커링하고 있으므로 정말로 파워풀 합니다.

성공인이 되어 보다 — 모델링(Modeling)

'저 사람처럼 되었으면…' 하는 바람을 실현해 보다

가사를 뛰어난 솜씨로 능숙하게 척척 처리하는 사람, 처음 만난 사람과 이야기하는 스킬이 뛰어난 사람, 어떤 일이든 크게 힘들이지 않고 해치우는 사람, 외국어를 아주 잘 구사하는 사람 등, 당신은 이러한 '성공인'을 타고난 재능이 있는 사람, 성장 환경이 좋았던 사람, 지독하게 노력했음에 틀림없는 사람이라고 생각하여 '그런 것을 가지고 있지도 않고 할 수도 없는 자신'과는 인연이 없는 사람이라고 방관하고 있지 않는가?

이와 같은 발상은 당신의 성장을 정지시키고 당신을 좀먹게 할 뿐이다. 당신이 정말로 하고 싶은 일이라면 당신에겐 그것을 실현할 수 있는 가능성이 있다.

재능, 환경, 노력과 같은 사소한 요소에 대한 분석을 넘어서 즉시 '성공인'이 되는 것이다. 실제로 무엇이 필요한 것인지는 우선 '성공인'이 되고 나서 생각하면 된다. 이것이 NLP의 모델링이라는 사고방식이다.

'자기 자신은 이렇게 하고 싶다.'라고 생각하는데 잘 안 된다고 할 때에 도움이 되는 것이 모델링이다. 자기가 하고 싶은데도 할 수 없는 어떤 것을 실제로 잘 하고 있는 사람을 떠올려 자기가 그 사람이 되어 보는 엑서사이즈인 것이다.

먼저 '자기가 할 수 있으면 좋을 텐데.'라고 생각하는 행동과 그것을 잘 하고 있는 사람(모델)을 떠올린다. 영화나 TV 드라마 속의 등장 인물, 혹은 배우나 탤런트, 주위에 가깝게 잘 알고 있는 사람 등, 구체적이고 확실하게 이미지 할 수 있는 사람이면 된다. 눈앞에서 영화가 상영되고 있는 듯한 느낌으로 그 사람에게 그 행동을 연기하도록 한 다음, 이번에는 자기가 그 영화 속으로 들어가 자기가 그 행동을 하고 있는 것을 이미지 한다. 지금까지 소개한 엑서사이즈는 두 사람이 같이 하는 것이 많았지만, 이 모델링은 한 사람이라도 할 수 있다.

예를 들면, "최근 부부 사이에 대화가 없어졌어요. 즐겁게 대화하고 싶어요."라고 할 때, 영화나 TV 드라마 속의 멋진 아내, 또는 남편이 되어 본다.

회사의 조회(朝會)에서 스피치하는 것이 잘 안 되는데 정말 한번 힘차게 연설해 보고 싶다고 생각한다면 그러한 장면이 있는 영화의 주인공(남자든 여자든)이 되어 본다.

'청소나 정리를 더욱 능숙하게 척척 잘 하고 싶다.'고 생각하는 사람이라면 청소 솜씨가 뛰어난 시어머니라든지, 정리를 잘 하는 친척 아주머니도 물론 좋지만, 실제로 청소를 잘하는지 어떤지는 잘 모르지만 척척 잘할 것 같은 이미지의 여배우, 혹은 그 여배우가 연기하는 영화나 드라마의 배역을 선정해도 좋다. 척척 능숙하게 몸을 움직이는 그때의 몸의 느낌, 근육의 느낌, 재빠른 움직임, 날렵한 움직임을 모델링하여 그러한 감각을 느끼면서 청소를 하면 된다. 그러면 당신도 척척 능숙하게 청소를 할 수 있다.

거꾸로 당신의 신변 가까이 있는 사람을 모델링해도 좋다. '더

욱 솜씨 있게 요리를 할 수 있으면 좋겠는데.' 라고 생각하는 사람
은 TV나 잡지에 나오는 요리 연구가나 일류 레스토랑의 요리사가
아니라 요리 솜씨가 좋은 친구라든지, 언제나 맛있는 케익을 굽는
이웃 아주머니를 모델로 할 수도 있다.

사실 NLP는 바로 이 모델링의 연구에서 시작된 것이다. NLP의
창시자는 게슈탈트 테라피스트인 리차드 밴들러와 언어학자인 존
그린더이다. 그런데 밴들러가 게슈탈트 요법의 그룹을 훌륭하게
리드하는 것을 그린더가 관찰하고 왜 잘 되는지를 밴들러에게 피
드백 하여 설명하는 사이에 자신도 밴들러와 마찬가지로 훌륭하
게 리드할 수 있게 되었다. 또, 그들은 버지니어 새티어(가족요법),
프리츠 펄즈(게슈탈트 요법), 밀튼 에릭슨(최면요법)과 같은 세 사람
의 테라피스트들이 대단히 뛰어난 치료 성과를 올리는 것을 보고
그들의 언어나 행동을 철저하게 관찰, 분석하여 왜 잘 되는지를
설명하고 체계화(모델링) 하였다. 1970년대 초, 미국에서 이러한
일들이 이루어지는 가운데 정리되어 태어난 것이 새로운 언어학,
행동 심리학으로서의 NLP인 것이다.

NLP 트레이너처럼 되어봐?

나는 NLP 세미나 강사를 시작했을 무렵, 나 스스로도 이 모델링
기법을 활용했다. 예전에는 사람들 앞에서 이야기를 한다든지, 많
은 사람을 트레이닝 시킬 때 굳어져 버리는 경우가 많아 스스로 못

마땅하게 생각했던 적이 많았었다. 그러던 중 미국에 가서 1개월 간 NLP 트레이닝 코스에 참가했을 때, 거기에서 한 사람의 훌륭한 트레이너와 만나게 되었다. 겉보기에는 평범하고 그다지 눈에 띄지 않는 여성이었지만, 트레이닝을 시작하면 목소리의 톤, 손놀림, 사람에게 말을 걸고 이야기를 듣는 모습이 마치 상대방과 즐겁게 춤을 추는 것처럼 아름답게 흘러가는 듯한 느낌을 주는 사람이었다.

'나도 저렇게 사람을 대하며 트레이닝을 할 수 있으면 좋을 텐데…' 라고 부러워한 적이 한두 번이 아니었다. 그래서 나는 그때부터 그녀의 일거수 일투족을 잘 관찰하기 시작했다. 말하는 내용에 더하여 사람들과 어울릴 때의 부드러운 태도나 대수롭지 않은 몸짓까지 인상에 깊이 새기며 관찰했다. 그리고 재빨리 그녀를 모델링하였다.

우선 세미나 룸에서 그녀가 수강생들을 트레이닝 시키고 있는 장면을 떠올려 영화를 보듯이 찬찬히 그 장면을 살펴보았다.

다음으로 그녀 대신 내 자신을 그 영화에 등장시키고 내 모습을 디소시에이트하여 보았다. 그리고 내가 마치 수강생과 댄스를 하듯이 트레이닝을 하고 있는 모습을 찬찬히 바라보았다. 내가 물으면 수강생들도 생긋생긋 웃으며 대답했고 각자의 체험을 서로 즐겁게 얘기했다. 또 나는 내가 가까이 다가갈 때의 수강생의 감각도 체크해 보았다.

이어서 나는 그 영화의 주인공으로서 어소시에이트하여 움직였다. 평소에 하는 말을 하면서 화이트 보드에 글을 썼다. 그리고 쓰는 동작이 나의 근육 감각과 일치하는 느낌, 천천히 부드럽게 나오는 목소리와 톤의 안정된 느낌, 수강생에게 가까이 접근힐 때의 좋은 느낌, 수강생이 마음 깊은 곳에서 나오는 말을 할 때의 흐뭇한 느낌, 그런 것들을 체험하고 영화를 마쳤다. 마지막으로 앞으로 예정된 세미나에서 처음 대하는 수강생들 앞에서, 또 기업 연수에 강사로 가서 연수생들 앞에서 이야기하는 것을 상상하여 보았다. 그러자 자연스럽게 내 몸의 근육이 움직이고, 부드러운 목소리가 나와, 내가 모델로 삼았던 트레이너와 똑같이 할 수 있다는 것이 느껴졌다.

후일담이지만 나중에 내가 실제 트레이너가 되어 진행한 세미나나 연수에서도 이렇게 모델링이 무척 좋은 결과로 이어졌고, 그 '흐르는 듯한 느낌' 은 지금도 지속되고 있다. 몇 번이고 반복하여 이미지 하는 사이에 무의식적으로 그녀의 동작이 내 몸에 익혀져 자연스럽게 그녀처럼 움직이게 되었던 것이다.

다이애나 왕세자비가 되어 보다

이번에는 실제로 자신이 원하는 행동을 하고 있는 모델이 아니라 이미지가 어울린다는 이유만으로 어떤 사람을 모델로 삼은 사례를 소개하고자 한다. 아기가 조금 커져 바깥 나들이를 할 수 있게 되면 엄마들은 아기를 유모차에 태우고 공원에 산책을 나가곤 한다. 거기에서 일광욕을 한다든지, 비슷한 연배의 아기들과 논다든지 하는 것이 어린이의 성장에 대단히 중요하기 때문이다. 이처럼 아기가 처음으로 공원에 나들이하는 것을 '공원 데뷔' 라고 한다.

승애 씨(가명, 28세)도 이 사실을 알고는 있었지만 좀처럼 아이와 공원에 갈 마음이 생기질 않았다.

"원래 소극적인 성격이어서 사람들과 어울리는 게 서툽니다. 같은 또래의 아기를 데리고 나온 사람들과 공원에서 잘 어울릴 자신이 없어요."

이런 승애 씨에게 나는 모델링을 권했고 그녀는 다이애너 비를 모델로 설정했다. 다이애나가 생전에 외국의 어린이 시설을 방문하여 상냥하게 웃는 모습을 인상 깊게 기억하고 있었기 때문이었다. 나는 우선 그녀에게 TV에서 보았던 다이애나의 모습을 떠올리게 했다. 통역사와 자연스럽고 상냥한 모습으로 이야기를 하고 있는 모습, 얼굴이 붉어진 어린 아이의 손을 쥐고 이야기를 하고 있는 장면 등을 마치 영화처럼 떠오르도록...

그 다음 다이애나 대신 자신이 영화 속으로 들어가 직접 자연스럽고 상냥하게 사람들을 대하는 느낌을 체험하게 했다.

며칠 후 승애 씨는 아기를 데리고 공원으로 나갔다. 그리고 마찬가지로 아기들과 산책 나온 다른 엄마들에게 먼저 다가가 생긋생긋 웃으며 '아기가 참 예쁘네요.' 하며 말을 걸었다고 한다. 그 뒤론 거의 매일 즐거운 마음으로 아기와 공원 산책을 하게 된 것은 물론이다.

승애 씨 사례의 특징은 '모델'로 삼은 대상의 행동 자체가 아니라 그 대상의 이미지를 모델링했다는 것이다. 승애 씨는 실제로 다이애나 비가 직접 유모차를 끌고 공원에 간 모습을 본 건 아니지만 그녀의 사교성을 모델링해서 자신의 행동에 응용한 것이다.

모델링 연습

1. 지금은 서투르지만(또는 해 본 적이 없지만) '잘 할 수 있으면 좋겠다' 라고 생각하는 행동을 한 가지 정합니다.

2. 자기가 정한 행동을 잘하는 사람(모델)을 떠올립니다. 구체적인 이미지를 떠올릴 수 있는 사람이 좋습니다. (영화나 TV드라마 속의 등장 인물도 좋지만 실제 인물이나 가깝고 잘 아는 사람이 좋겠죠.) 그 다음 눈앞에 영화가 상영되고 있는 듯한 느낌으로 그 사람의 표정, 몸짓, 목소리 톤을 확실하게 그려봅니다. 그리고 '자신이 잘 했으면 좋겠다' 고 생각하는 행동을 하는 그 사람을 잘 지켜봅니다. (잘 되지 않는 경우에는 선정한 모델을 바꿉니다) 모델이 그 행동을 다 끝내면 다음으로 나아갑니다.

3. 모델과 자신을 교체하여 자신이 영화 속에서 모델의 행동을 대신하는 걸 봅니다. 관람석에서 자신의 모습을 객관적으로 보아야 합니다(디소시에이트). 또한 영화 속 다른 인물들도 잘 살펴봅니다. 만족하면 다음으로 나아갑니다. (만족하지 않으면 영화를 수정하든지, 처음으로 되돌아가 모델을 바꿉니다)

4. 관람석에서 나와 그 영화 속으로 들어갑니다(어소시에이트). 자신이 주인공이 되어 모든 영상과 소리, 몸의 감각 등을 현실처럼 체험합니다.

5. 가까운 장래를 떠올리며 또 다른 행동들을 추가해도 좋습니다 (퓨쳐 페이스).

버리고 싶은 기억 vs 갖고 싶은 경험의 교체
— 스위시(Swish)

쉿! 하고 한 순간에 바꾸다

자신의 행동 중에서 '하지 않고 싶다.'고 생각되는 것을 그만두고 바람직한 행동을 하게 할 수는 없을까? 과거의 어떤 체험으로 불쾌한 기분이나 공포심이 달라붙어 버려서 그와 비슷한 장면에서는 언제나 불쾌감이나 공포감이 일어나는 경우에, 가령 그러한 장면과 다시 마주쳐도 불쾌감이나 공포감이 일어나지 않도록 할 수는 없을까?

대답은 '있다'이다. 그것을 가능하게 하는 엑서사이즈가 스위시이다.

체험이나 행동을 교체하는 방법에는 시각(그림)을 활용하여 교체하는 방법과, 청각(음성)을 이용하여 교체하는 방법이 있다.

시각을 쓰는 것을 비쥬얼 스위시(Visual Swish), 청각을 쓰는 것을 오디토리 스위시(Auditory Swish)라고 한다.

비쥬얼 스위시는 불쾌한 장면의 그림(시각 이미지)은 자기 눈에서 가까이에, 바람직한 상태의 그림은 멀리 두고 그것을 가이드가 각각 오른손과 왼손으로 가리킨 다음 가이드가 그 두 개를 한 순간에 서로 바꾸는 것이다.

오디토리 스위시는 먼저 불쾌한 목소리나 소리가 들려오는 것을 이미지 한 후 그것이 들려 올 때, 스피커의 전원 스위치를 꺼 그

소리나 목소리를 지움과 동시에 바람직한 목소리나 소리가 울려 퍼지는 듯이 들려온다고 이미지하는 것이다.

비쥬얼 스위시에서 그림을 교체하는 동작을 할 때, 가이드는 "쉿!"하는 소리를 내는데 미국에서는 이 "쉿!"이라는 소리를 "스위시!"로 발음하므로 이것이 그대로 이 엑서사이즈의 이름으로 쓰이게 되었다.

예를 들면 담배를 끊고 싶다고 생각하는데도 끊지 못하는 사람은 담배를 피우고 있는 자기 모습의 이미지(그림)와 담배를 피우지 않는, 리소스풀한 다른 행동을 하는 자기 모습의 이미지를 바꿈으로써 담배를 피우지 않게 된다.

매일 아침 좀처럼 일어나기 힘들어서 언제나 뛰어서 출근 시간을 겨우겨우 맞추는 사람이 좀더 여유를 가지고 출근 준비를 하려고 한다면, 꾸물거리고 있는 자신의 모습의 이미지와 여유를 가지고 잠자리에서 일어나는 자신의 이미지를 서로 교체한다.

과거의 불쾌한 체험, 두려운 체험이 지금도 자기의 행동을 제약하는 경우가 있다. 예를 들면 자전거를 타다가 넘어진 이후 자전거를 타고 싶지 않게 되었다든지 하는 그러한 불쾌한 체험도 좋은 체험과 교체하면 불쾌한 체험과 연결되어 있는 불쾌감이나 공포감이 사라져 버린다.

행동에 제약을 가하는 것을 없애 버려 더욱 더 자유롭게 행동할 수 있게 되는 것이다. 따라서 자전거를 타지 않으려던 사람이 이제

146

는 무서워하지 않고 자전거를 탈 수 있게 된다.

"선생님에게서 꾸지람 받은 체험 때문에 학교에 가기 싫어졌다."
"시험을 볼 때나 무엇인가 프레젠테이션을 할 때, 사전에 너무 지나치게 긴장한 나머지 망치고 맙니다."

위와 같은 경우에도 이 엑서사이즈가 대단히 효과적이다. 또, 공부나 스포츠에서 슬럼프 상태에 빠져 있는 사람을 일으켜 세울 수도 있다. 물론 원만하지 못한 인간관계를 좋게 하는 데에도 도움이 된다. 또, 스위시는 "지금 정말로 불쾌한 느낌이 들어."라고 말하는 사람의 그 불쾌한 느낌, 불쾌한 기분을 없애는 데도 유효하다. 지금 무엇인가 불쾌한 체험을 경험하거나 기억하고 있는 사람에게 그것과 다른 바람직한 체험을 이미지 하도록 하여 스위시한다. 그렇게 함으로써 좋은 기분으로 바꿀 수가 있다.

공포의 부엌이 환상적인 꿈의 장소로

비쥬얼 스위시를 하여 문제가 해결된 사례를 소개한다.
세란 씨(가명)는 결혼한 지 1년이 되는 26세 된 주부다. 신혼 무렵 시어머니가 집에 오셨을 때에 요리를 하였는데, 음식을 만드는 방식이 다르다는 것 때문에 잔소리를 들어 심하게 굴욕감을 맛보았다고 한다. 그 때문에 '시어머니가 오셨을 때에는 요리 따위는 절대로 안 해.' 라고 결심하게 되었고 그러는 사이에 "일상생활 중

불쾌한 상태의 이미지와 바람직한 상태의 이미지를
한 순간에 교체하는 비쥬얼 스위시

에서도 맛있는 요리를 만들고 싶은 의욕이 없어져 버렸습니다."라고 했다.

요리를 하려고 하면 그때의 굴욕감이나 친정을 헐뜯는 소리가 들리는 듯한 불쾌한 느낌이 몸 속에 되살아났던 것이다.

나는 세란 씨에게 시어머니에게서 잔소리를 들었을 때의 불쾌한 체험을 기억하게 하였다. 세란 씨가 만든 요리를 시어머니가 드시고 "맛이 왜 이러냐? 너의 친정에서는 도대체 어떤 방식으로…"라는 잔소리를 듣고 있을 때의 장면을 기억하고 그때의 굴욕감, 몸에서 느낀 불쾌한 감각도 기억하게 했으며 그 장면을 컬러로 하여 자기의 눈앞에 확실하게 그림으로 만들어 두도록 하였다.

그리고 다시 한 장, 이번에는 자신이 리소스풀했던 때의 장면을 생각하여 그리도록 하였다.

그녀는 "집의 베란다의 화분에 꽃들이 활짝 피어 있는 것을 커튼 너머로 물끄러미 바라볼 때에 한없는 풍요로움과 충실감을 느꼈습니다."라고 말하여서 그 그림을 흑백으로 만들어 멀리 두도록 하였다. 드디어 두 개의 그림을 서로 바꿀 준비가 된 것이다.

"자, 바람이 불어오면 멀리 있는 그림과 눈앞의 그림이 '쓱', 서로 바뀌어집니다. 바로 앞에 있는 그림이 멀리 날아가서, 흑백으로 바뀌어 결국 점(點)이 되어 버립니다. 동시에 멀리 있는 그림은 커다란 컬러 그림이 되어 확 눈앞에 나타납니다.

하나,

둘,

셋,

쉿!"

천천히 5번 정도 이것을 반복하였다. 그리고 "불쾌한 그림을 생
각하여 그려보세요. 어떤 느낌입니까?"라고 묻자 '아직도 약간 이
상한 느낌'이라고 대답하였다.

그래서 이번에는 좀 빠른 템포로 3회 정도 반복하였다. 그리고
다시 물어 보았다. "먼저 번의 불쾌한 그림을 그려 봐 주세요. 어떤
느낌입니까?" 그러자 그녀는 "불쾌한 느낌이 없어져 버렸습니다."
라고 대답하였다.

그래서 미래에 대한 체크(퓨처 페이스)를 하였다. 오늘 저녁, 식사
를 준비하는 것은 물론 앞으로 시어머니와 만나는 것을 상상하도
록 하여 "그 자리에 자신이 있으면 어떤 기분입니까?"라고 물었
다. 세란 씨는 "자유롭게 요리를 즐기고 있습니다."라고 대답하였
다. 이렇게 하여 그녀는 카운슬링을 끝내고 돌아갔다. 그 후에는
요리를 하려고 생각할 때마다 일어나던 불쾌한 느낌이 없어지고
즐겁게 요리를 만들 수 있게 되었다고 한다.

"너 정도면 괜찮아!"

스위시의 일종으로 서브모달리티 체인지라는 엑서사이즈가 있

다. 자신에게 스톱을 거는 듯한 목소리, 만나기 거북한 사람의 모습 등을 기억하고 음량, 속도 및 크기나 위치, 색깔 등, 서브모달리티를 바꿈으로써 스톱이 걸려 있는 것을 벗겨내든지 거북스러운 느낌을 없애는 방법이다.

서브모달리티란 시각이나 청각이나 체감각 등의 감각을 실제로 인지하는 경우의 한층 세부적인 요소를 말한다.

예를 들면 시각의 경우, 밝기, 크기, 컬러인가 흑백인가, 형태, 거리, 확실히 보이는가 흐릿하게 보이는가, 움직이는가 멈춰 있는가 등, 즉 '어떻게 보이는가' 에 관한 것이다.

청각의 경우, 음량, 템포(빠르기), 리듬, 음색, 길이, 들려오는 위치, 확실한가 어렴풋한가 등이다.

체감각이라면 압력의 강도, 몸의 어느 위치에서 느끼는가, 온도, 움직임, 빈도 등이다.

이러한 서브모달리티를 바꿈으로써 불쾌한 감각을 없애버리고 디소시에이트 하여 기억을 바꾸는 방법이 서브모달리티 체인지 엑서사이즈이다.

여기서는 서브모달리티를 바꾸어 식사장애를 치유한 사례를 소개한다. 이 예에서는 청각을 사용하였다.

보연 씨(가명, 20세) 음식을 실컷 먹고는 토해 버리고 하는 식사장애에 걸려 있었다. 카운슬링에서 그녀의 이야기를 듣고 있는 동안에 나는 그녀의 몸 속에서 '그렇게 살찌면 안 돼.' 라는 어머니의 목소리가 들려오는 것을 알았다. 그 어머니의 목소리가 식사장애의 원인일 수도 있었다. 그래서 이 목소리의 위치, 빠르기 등을 바꾸어 어머니의 목소리로부터 받는 영향을 없애 버릴 목적으로 서브모달리티 체인지 엑서사이즈를 하였다.

먼저 보연 씨에게 몸 속에서 들리는 어머니의 '그렇게 살찌면 안 돼.' 라는 목소리를 기억하여 듣도록 하였다. 그리고 그 목소리를 몸 밖으로 옮겼다. 그리고 몸 밖에서 보연 씨의 귀에 들려오는 목소리로써 듣도록 하였다. 다음으로 카세트 플레이어의 2배속 재생과 같이 점점 목소리를 빠르게 하고 톤을 높여 갔다. 다음에는 거꾸로 천천히 하고 톤도 낮게 하였다. 이렇게 빠르고 느리게 하기를 3번 정도 반복하였다.

다음에는 들리는 위치를 더욱 더 많이 움직였다. 귓가에서 들리고 있던 것을 1미터 정도 떨어진 곳으로 옮기고 거기에서 다시 빠르게 한다든지 느리게 한다든지 톤을 높인다든지 낮춘다든지 하는 작업을 반복하였다.

그러는 사이에 보연 씨의 표정이 웃고 있는 듯한 얼굴로 바뀌었다. 그래서 "어머니가 뭐라고 말해 주면 마음이 든든하겠어요?" 하고 물었다. 보연 씨는 "너 정도라면 괜찮아 라고 말씀해 주시면 기쁘겠네요"라고 말하였다. 그래서 여유 있고 다정한 어머니의 목소리로 '너 정도라면 괜찮아.' 라는 말을 듣게 하였다.

처음에는 목소리를 멀리서 듣다가 그것을 점점 자신에게 가깝게 다가와 듣게 하고, 나중에는 귓전에서 확실하게 듣고 마지막에는 자신의 몸 속에서 울려 퍼지도록 하였다.

이 엑서사이즈를 함으로써 그녀에게 들리던 '그렇게 살찌면 안
돼.' 라는 목소리는 '너 정도라면 괜찮아.' 라는 힘을 북돋워 주는
목소리로 바뀌었다. 그리고 점차 보통의 식사를 하게 되었고 체중
도 정상으로 돌아와 보연 씨는 건강하게 될 수 있었다.

5

우리가 느끼고 행동하는 모든 것들에는 다중적인 의미가 있다.

부정적인 행동들에도 긍정적인 의미가 있고 아무 의미 없이 들리는 말들 속에도

전혀 뜻밖의 의미가 담겨 있을 수 있는 것이다.

이 장에서는 이렇듯 우리 안에 존재하는 다양한 파트들을 하나의 목적을 향해 통합하고

스스로 조절할 수 있는 NLP의 노하우가 담겨 있다.

모든 행동에 숨겨져 있는 긍정적인 의도

nguistic Programming

긍정적인 의도를 찾다

갈등의 양면을 통합하다 － 인티그레이션(Integration)

새로운 행동이 발견되다 － 식스 스텝 리프레이밍(Six Step Reframing)

긍정적인 의도를 찾다

부정적인 행동에도 긍정적인 의도가 있다?

'모든 행동(증상)에는 긍정적인 의도(포지티브 인텐션)가 있다!'

이것은 NLP의 전제이다. 그만 두고 싶은데도 그만 둘 수 없는 행동들, 불쾌하게만 느껴지는 여러 가지 증상들에도 긍정적인 의도가 깔려 있다는 것이다. 본인은 알아차리지 못하더라도 뒤(무의식)에는 반드시 그것이 있다.

예를 들어 부모에게 손찌검하는 패륜아를 생각해 보자. 도저히 긍정적으로 볼 수 없을 것 같은 이 패륜아의 행동에도 무의식중에 바람직한 상태, 원하는 것을 실현하고자 하는 긍정적인 의도가 깔려 있다. 폭력이라는 마이너스적(부정적)인 행동에는 무의식중에 바람직한 상태, 원하는 것을 실현하고자 하는 긍정적인 의도가 있다는 뜻이다. 부모에게 폭력을 휘두른다면 '도대체 무슨 일이냐?'라고 부모는 걱정한다. 즉, 폭력이 자신을 염려하도록 하게 하는 긍정적인 의도를 갖고 있는 셈이다. 혹은 다른 사람이 밟고 들어오기를 바라지 않는 자기만의 영역에 부모가 들어오게 되자 그것을 막으려고 방어하고 있는지도 모른다.

학교에 가지 않으려는 아이의 경우는 어떨까? 학교에 가지 않으면 부모는 걱정해 준다. 따라서 그 행동은 부모가 걱정해 주기를 바라는, 보살펴 주기 바라는 긍정적인 의도가 있는지도 모른다. 아니면 공부를 하고 싶지 않다든지, 학교에서 따돌림 받고 있는데 그러한 사실을 확실하게 전할 수 없는 어린이가 학교에 가지 않으려는 행동으로 자신을 지키려 하는 것일 수도 있다.

담배를 줄이고 싶은데도 줄일 수 없다, 술을 조심하려고 해도 그만 과음해 버린다, 무엇인가를 한번 하려고 하지만 금방 단념해 버린다 등등의 행동에도 자신이 모르는 무의식적인 동기가 있다.

담배를 피움으로써 무엇인가 얻는 점(자신이 그것을 의식하여 알고 있는지 어떤지는 별도로 하고)을 생각해 보자.

담배를 피우든지, 차를 마시는 것은 잠시 쉰다는 의미도 있다. 그러므로 담배를 피운다는 행동에는 잠시 쉬고 싶다는 긍정적 의도가 숨어 있는 것이다. "담배를 왜 피우십니까?"라는 질문을 던지면 사람들의 대답은 어떨까? 정말 담배 맛이 좋아서 담배를 끊지 못한다는 사람은 거의 없다. '잠시 쉬면서 한 숨 돌리면 의식이 바뀌고 좋은 아이디어가 솟아난다. 스트레스가 해소되는 것 같다, 마음이 안정된다…' 등, 사실은 전혀 다른 원인들로 '담배를 피우는 행동'이 나오는 것이다.

과음을 하는 것 또한 마찬가지다. 술이 좋아서 과음을 한다기보다 술로 스트레스를 해소시킨다는 의도가 훨씬 크다. 물론 술을 마

158

심으로써 스트레스가 도리어 더 쌓이는 경우도 있지만, 어쨌든 '술의 맛'에 의해서가 아니라 '스트레스' 때문에 술이 필요한 것이다. 습관적으로 과음을 해서 좋지 않은 결과를 초래하는 사람들도 스스로 '술을 끊어야겠다.'는 생각을 갖기는 한다. 하지만 현실적으로 건강에 좋지 않다든지, 돈을 많이 낭비하게 된다든지, 다음 날까지 영향을 미치게 되어 좋지 않다든지 등의 의식적인 이유로는 절대로 술을 끊을 수가 없다. 그 근본원인은 '스트레스'이기 때문이다.

어떤 일을 추진하다가 금방 단념해 버리는 사람은 아마도 예전에 어떤 일을 앞뒤 가리지 않고 추진하였다가 끝내 좋지 않은 결과에 부딪친 경험이 있는 사람인 경우가 많다. 그래서 또 다시 상처받지 않겠다는 무의식적인 동기가 어떤 일의 진행을 방해하는 것이다.

어린 시절의 기억을 떠올려 보자. 어머니가 곁에 있어 주었으면 하는 상황이었는데 어머니를 불러도 부엌일이 바빠서 당신에게 와주지 않았을 때 당신은 어떤 행동을 했었는가? 테이블 위에 있던 우유를 일부러 엎질러 버리거나, 옆에 있는 동생을 때려서 울리거나…, 그런 경험을 갖고 있지 않은가? 꼭 이런 경우가 아니더라도 이와 비슷한 체험은 없는가?

아이들이 이런 돌출 행동을 하면 어머니나 아버지는 어떻게 행동을 할까? 대개의 경우 '뭘 하는 거니? 그러면 안 되잖아!'라고 아이들을 꾸짖는다. 그러나 꾸짖는 행동으로는 아이들의 원래 동기를 파악할 수도, 문제를 해결할 수도 없다. 왜냐하면 아이들이 정말로 원하는 것은 '나를 돌보아 주기를, 나에게 관심을 가져주기를, 나의 이야기를 들어주기를' 바란 것이기 때문이다. 어린 아이는 단지, 조리 있게 말로 표현하지 못하니까 관심을 끌기 위해서 돌출 행동을 일으키는 것이다. 이럴 때, '나를 좀 보아주세요' 라는 것이 긍정적인 의도이다.

이렇게 어린 시절부터 그 긍정적인 의도를 충족시키지 못하고 욕구불만인 상태가 지속되어 뜻하지 않은 범죄를 저지르는 어린 학생들이 있다는 것은 무척 안타까운 현실이다.

행동과 원인은 하나의 선으로 연결되어 있지 않다

지금까지 문제라고 지적 받는 행동들을 몇 가지 살펴 보았다. 각각의 행동에는 반드시 무엇인가 긍정적인 의도가 있는데 그것을 더욱 깊이 들여다보면 의외의 발견을 하게 되는 경우가 있다. 예를 들면, '건강과 주위 사람에게 끼치는 불편을 생각하면 담배를 끊고 싶다' 라고 생각하는 사람은 많지만 실제 담배를 끊기까지 정말 많은 사람들이 고생을 한다. 그것은 담배를 피우는 행동에 무언가 자신을 위한 긍정적인 의도가 있기 때문이다. 담배를 끊고 싶은데도 끊지 못하는 사람들에게 역으로 '담배를 피우면 좋은 점은 무엇입니까?' 라고 물어보면 다음과 같은 다양한 대답들이 나오기 마련이다.

"담배를 피우면 자연스럽게 깊은 숨을 쉬게 되어 마음이 가라앉습니다."

"기분 전환이 됩니다."

"새로운 아이디어가 떠오릅니다."

"사람들과 같이 담배를 피면 왠지 친근감이 느껴져요."

"담배를 피면 내가 험프리 보가드처럼 멋져 보이는 것 같아요"

"제가 어른처럼 느껴집니다."

그런데 여기서 좀더 깊이 들어가면 가족들이 담배 좀 끊으라며 자신에게 관심을 가지고 걱정을 해 주는 것이 기뻐서 담배를 핀다는 다소 황당한 대답이 나오는 경우도 있다.

이처럼 백해무익한 줄로만 알았던 담배에도 상당히 많은 이점들이 있다. 그 중에는 당신이 담배로 인해 건강을 해치더라도 포기할 수 없는 것이 있을 수도 있다. 평소에는 의식하지 못하겠지만 말이다.

그러므로 그것을 얻을 수 있는 다른 수단을 제공해 주지 않은 채 담배를 끊는 것은 처음부터 무리이다. 우리는 먼저 스스로, 혹은 서로에게 '그 행동을 하면 무엇을 얻을 수 있습니까?'라는 질문으로 몇 가지가 되든지 그 밑바닥에 있는 긍정적인 의도를 발견해야 하는 것이다.

그런데 긍정적인 의도를 깊이 파 들어가 보면 의식의 밑바닥에는 자기방어, 자기승인, 애정과 같은 상태들이 발견되는 경우가 많다.

담배의 예에서도 '마음이 가라앉는다, 기분전환이 된다.'라는 것은 실은 피곤하거나 마음이 초초할 때의 자기방어책의 의미가 있고 '어른처럼 느껴져요, 매력적이고 멋지게 보이는 것 같다.' 라는 대답에는 자기승인의 의미가 있는 것이다.

물론 자신을 걱정해 주는 가족의 마음에 기뻐하는 사람은 애정을 바란다는 의미가 있을 것이다.

또 다른 예를 한번 살펴보자. 어떤 일을 할 때마다 두통으로 고생하고 있는 사람이 있다고 하자. 그 두통의 긍정적인 의도는 무엇일까? 아마 다음과 같은 의도들을 발견할 수 있을 것이다.

두통으로 사전에 몸 상태를 체크할 수 있다(자기방어).
두통을 일으킬 만큼 열심히 일하고 있다(자기승인).
두통을 호소하면 주위 사람들이 걱정해 준다(애정).

이러한 긍정적인 의도를 잘 살펴 두통이 피곤을 호소하고 있다면 적절히 휴식을 취하고 두통 대신 다른 승인 방법을 개발하거나 두통 이외에 주변 사람들의 애정을 받을 수 있는 다른 방법에도 눈을 돌릴 필요가 있을 것이다.

이렇게 긍정적인 의도를 찾는 것은 그 사람이 정말로 원하는 것을 찾아내는 것이기도 하다. 그 긍정적인 의도가 충족되면 현상적으로 나타나는 증상인 두통은 사라지거나 극복될 것이다.

NLP는 이렇게 부정적인 것에서 긍정적인 점을 발견하고 근본적인 문제해결의 실마리를 발견하는 데 도움을 준다.

긍정적인 의도를 알면 행동을 바꿀 수 있다

어떤 행동을 하면 자기 자신이 불쾌해진다는 것을 알면서도 좀처럼 그 행동을 그만두지 못하는 사람이 있다.

또 '저 사람은 왜 언제나 저런 식이지?'라고 가까운 사람의 행동에 불쾌한 생각을 하고 있는 사람도 많을 것이다. 그러나 행동 이면에 숨겨져 있는 긍정적인 의도를 알아차리지 못하고 겉으로 드러난 행동만을 바로 잡으려고 하면 상대방도, 자신도 절대 변화시킬 수 없다. 행동을 바로 잡으려면 그 행동의 긍정적인 의도를 충족시키는 다른 행동을 제시하여 그것을 대신 실행하도록 해야만 한다.

담배를 끊으려고 생각하지만 끊을 수 없다고 할 때, 그렇다면 '금연이라고 써서 벽에 붙이면 된다, 담배를 피우고 싶어지면 심호흡을 한다, 담배를 피우는 대신 껌을 씹으면…' 보통 이런 식으로 생각하기 쉽다. 그러나 정말로 담배를 피움으로써 얻는 것, 그것도 무의식 속에서 원하고 있는 것을 알아차리고 그것을 실현할 수 있는 행동, 흡연을 대체할 수 있는 행동을 찾아내지 않으면 좀처럼 끊을 수가 없다. 아무리 금연 종이를 붙이고, 피우고 싶을 때마다 심호흡을 한다든지 껌을 씹어도, 그러한 행동들이 담배를 피우는 행동의 긍정적인 의도를 충족시키지 못한다면 좀처럼 끊을 수 없는 것이다.

이 다음에 소개할 인티그레이션(Integration, 통합) 엑서사이즈와 식스 스텝 리프레이밍(Six Step Reframing) 엑서사이즈에서도 자기 무의식 속에 있는 동기를 찾아내, 그만두고 싶은데도 그만 둘 수 없는 행동이나 치유하고 싶은 증상의 긍정적인 의도를 듣는다 는 것이 하나의 해결책으로 제시되어 있다.

'아침에 일어날 수 없는' 행동의 원인이 '가족을 소중히 하고 싶어서'?

긍정적인 의도를 찾을 때 고구마 줄기를 잡아당기듯이 하여 겨 우 찾아내는 경우도 있다. 실제로 이와 같은 방식으로 개선하고 싶 은 행동의 긍정적 의도를 찾아낸 사례를 소개하고자 한다.

'아침에 상쾌하게 일어나고 싶은데 잘 안 됩니다' 라는 사람들 이 많이 있는 것 같다. 30세의 회사원 상건 씨(가명) 역시, '아침에 쉽게 일어나지 못합니다' 라는 사실로 난처해 하고 있었다. 자명종 을 대여섯 개나 세팅해 두어도 제 시간에 일어나지 못한다는 것이 었다.

나는 '만일 아침에 일찍 눈뜰 수 있게 된다면, 어떨까요?' 라는 질문으로 상담을 시작했다. 상건 씨는 "상쾌하게 아침을 맞아 의 욕적인 하루의 시작을 느낄 수가 있습니다." 라고 대답하였다.

"그처럼 상쾌하고 의욕적으로 하루의 시작을 느낄 수 있다고 한 다면, 그것이 실현되었다면, 그 다음에는 어떻게 하고 싶습니까?"

"회사에 가서 조회를 하고 여유 있게 업무를 처리할 수 있습니 다. 상사인 내가 상쾌한 아침을 맞게 되면 나의 팀원들도 상쾌하고 여유 있는 아침을 맞을 수 있을 거라고 생각합니다."

"그것이 실현되면 어떻게 됩니까?"

"모두가 의욕적으로 일하므로 일이 일찍 끝납니다."

"일이 일찍 끝나면 무엇을 얻게 됩니까?"

"일찍 집에 돌아갈 수 있습니다. 일찍 돌아가면 피로를 풀 수 있고 다음날 또 활기차게 움직일 수 있게 되겠죠."

나는 계속해서 질문을 던졌다.

"일찍 집에 돌아가면 무엇을 하고 싶습니까?"라고 묻자, "아내나 아이들과 함께 여유 있는 시간을 보냅니다." 라고 대답했는데, 이 말을 할 때에는 무엇인가 깊은 곳의 기억을 찾는 듯한 어조로 그 기억을 이미지 하는 듯 눈언저리가 상기되어 보였다.

그의 표정을 관찰하며 나는, '마음 깊은 곳에서 바라고 있는, 정말로 원하는 것은 이것이구나' 라는 결론을 얻을 수 있었다.

"당신은 가족과의 시간을 소중하게 보내고 싶어하는군요?"

"아, 예, 그렇습니다. 그것을 가장 원하고 있습니다."

그러니까, 정리하자면 '일찍 일어나기 싫어하는 행동' 의 긍정적인 의도는 '가족에 대한 애정' 이었던 것이다.

이것을 스스로 알아차린 상건 씨는 그 후 가족과 접촉하는 시간을 대단히 소중하게 여기게 되었다. 일상생활에서도 아침 식사를 가족과 함께 먹는다든지, 자녀들과 많은 대화를 나눈다든지, 부인의 말을 진지하게 받아들이는 등 많은 변화가 일어나기 시작했다. 1개월 후에 부인에게서 들은 얘기로는, 전에는 아침마다 이불을 잡아 벗긴다든지, 몇 번이고 불러 일으켜서야 겨우 일어났었는데 요즈음은 "7시예요."라고 한마디만 던져도 남편이 바로 자리를 박차고 일어난다는 것이었다. 뿐만 아니라 혼자 출장을 떠나도 자명종을 맞춰 두면 자기 혼자서 일어날 수 있게 되었다고 한다.

상건 씨의 예는 어쩔 수 없이 일에 휩싸여 정말로 자기가 중요시하는 것을 알아차리지 못하고 있거나 알았다고 해도 충족시키지 못하고 있는 많은 샐러리 맨들이 가지는 대표적인 사례이다.

정말로 자기가 중요시하는 것을 발견하고 다시 한번 그것을 소중하게 대할 것을 결심했을 때, 일에 대한 의욕도 생기는 것이다.

"아침에 일어나기 힘들어."라는 사람에게, "자명종 시계를 몇 개 더 준비해 보자."라든가 "전날 밤 일찍 자면 돼, 친구에게 모닝콜 전화를 부탁하면? 틀림없이 운동부족으로 잠이 안 오니까 운동을 하세요."라는 단순한 해결 방법을 권해주기 쉽지만, 아무리 그런 방법들을 시도해도 문제는 여전히 해결되지 않는 경우가 많다. 그럴 때는 그 행동의 긍정적인 의도가 무엇인가를 파악하는 것이 문제를 가장 빨리, 근본적으로 해결하는 길이다.

'어떤 행동에도 반드시 긍정적인 의도가 있다.'라는 것을 깨닫게 되면 삶이 참으로 편안하게 느껴지기 시작한다. 자신의 행동에 대해서나 다른 사람의 기분 나쁜 행동에 대해서도 무엇인가 긍정적인 의도를 찾게 되기 때문이다. 일단 다른 사람의 행동의 긍정적인 의도를 깨닫게 되면 편안하고 기쁜 마음으로 그 행동을 받아들일 수 있게 된다.

NLP를 공부한 사람들이 자주 말하는 것 중의 하나는 자녀가 무엇인가 나쁜 짓을 해도 '긍정적인 의도는 무엇일까? 라고 생각하는 여유가 생겼다.' 는 것이다. 잘 생각하여 보고 그 행동이 어머니로부터의 애정을 원하는 것인지, 아니면 자기 스스로 의욕적으로 무엇인가를 하기 위한 것인지를 알고 난 후에는 자녀와 더욱 마음을 연 대화를 할 수 있게 되므로 그전처럼 무턱대고 꾸짖는 일은 하지 않게 된다는 것이다. 그리고 이런 변화는 자녀가 정말로 원하는 것을 부모가 알게 되어 그것을 이루도록 이끌어 주고 지원해 주는 것으로도 연결된다.

그러나 주의할 사항이 있다. 단지 안이하게, '나쁜 행동에도 긍정적인 의도가 있다' 라는 생각으로 규칙(예를 들어 공중도덕이나 사회적인 질서)을 지키지 않는 것을 방치한다면 장래 커다란 문제를 초래할 수도 있다. NLP에서 긍정적인 의도를 찾는 것은 효과적인 치유, 혹은 변화를 위한 것이지, 있는 현실을 그대로 받아들이고 묵인하기 위한 것이 절대로 아니다.

갈등의 양면을 통합하다
— 인티그레이션(Integration)

당신을 구성하는 파트(Part)

우리들 내부는 여러 가지 파트들로 구성되어 있다. 긍정적이고 의욕적인 행동을 하려고 하는 파트가 있는가 하면, 부정적, 또는 소극적이고 완고한 행동을 하게 하는 파트가 있다.

예를 들어, 아이에게 늘 호통을 치는 무서운 아버지도 그 내면에는 '이렇게 혼내고 싶지 않은데' 라는 마음이 살아 있다. 그 아버지의 마음 속에는 '호통치는 편이 그래도 교육상 효과적이다.' 라는 파트와 '아이를 주눅들게 하는 것은 그다지 좋지 못하다.' 라는 파트가 함께 공존하는 것이다.

"이제 이런 남편은 질색이야, 이혼하고 싶어요."라고 말하는 주부의 마음 속 어떤 파트에서는 '다시 한번 그와의 관계를 바로잡을 수 있을 거야' 라는 목소리가 울리고 있다.

이렇게 '그만두고 싶은데 그만 둘 수 없다, 하고 싶은데 할 수 없다, 어느 쪽이든 결정하고 싶은데 결정할 수 없다.' 라고 하는 것과 같이 파트들로 쪼개진 갈등들을 하나로 통합하여 해결하도록 하는 방법이 바로 인티그레이션이다.

대립하고 있는 파트들이 서로를 인정하여 하나가 되면 마음이 양쪽으로 갈라져 갈등하고 괴로워하던 사람들이 새로운 가능성을 찾고 문제를 해결할 수 있게 될 것이다.

인티그레이션의 순서를 간단히 소개하면 다음과 같다.

예를 들어 쉽게 고쳐지지 않는 나쁜 습관이 있다고 하자. 그러면 우선 그 나쁜 습관을 부추기는 자신의 어떤 파트(여기서는 'X' 라고 하자)를 몸 속에서 꺼내어 손바닥 위에 놓는다.

그 다음, 그것이 어떤 이미지인가(형태, 색깔, 크기, 무게 등)를 잘 관찰한 다음 파트 X에게 그 행동을 통하여 무엇을 얻으려고 하는지, 무엇을 전하려고 하는지, 아니면 무엇을 겨냥하고 있는지(긍정적인 의도)를 묻는다.

이번에는 나쁜 습관을 고치고 좀더 바람직한 다른 행동을 하고자 하는 자신의 다른 파트(여기서는 'Y' 라고 하자)를 몸 속에서 꺼내어 다른 손바닥 위에 놓는다. 그리고 파트 X에게 했던 것과 마찬가지로 그것이 어떤 이미지인가를 관찰하고 그 긍정적인 의도를 묻는다.

다음에는 쌍방의 긍정적인 의도가 모두 중요하다는 것을 파트 X와 파트 Y가 서로 인정하며 함께 이야기하도록 한다. 그런 다음, 파트 X와 파트 Y를 천천히 하나로 통합시켜, 그러니까 양쪽 손을 마주보게 한 다음 천천히 마주잡고 완전히 하나로 통합시킨다. 그리고 새로운 이미지를 만들어 낸다.

끝으로, 새로 만들어 낸 파트를 양손으로 천천히 가슴 속이나 머리 속으로 되돌려 넣어 그 존재를 몸으로 느낄 수 있도록 한다.

이렇게 해서 대립하여 갈등을 만들어 내고 있던 두 개의 반대되는 파트들이 서로가 각각 긍정적인 의도를 가지고 있음을 알게 되

하고 싶지 않은 행동을 하는 파트 X와
바람직한 행동을 하려고 하는 파트 Y를 두 손바닥 위에서 통합시킨다.

었고, 게다가 대립 관계에서 협력하는 관계로 바뀌어져 반대되는
두 측면의 긍정적인 의도는 비로소 하나로 통합된다.

　이렇게 새롭게 탄생한 이 통합 파트는 당신의 삶을 바람직한 상
태로 만드는 데 영향력을 미치게 될 것이다.

나도 모르게 물건을 훔치게 돼요

　"아무리 하지 않으려고 애써도 물건을 훔치게 돼요. 그러면 안
되는 줄은 알지만…"

30대 주부인 미나 씨(가명)는 나에게 이런 고민을 털어놓았다. 나는 먼저 그녀에게 아무리 나쁜 행동이나 나쁜 습관에도 그 뒤에는 반드시 어떤 긍정적인 의도가 있다는 점을 설명하고, 그녀의 도벽에서 긍정적인 의도를 함께 발견해 보기로 했다.

처음에 그녀는 물건을 훔치다 경찰에 붙잡혀 남편이 경찰서로 불려오고 자신은 비참한 기분이 되는 장면을 떠올렸다. 나는 그때 그 장면을 좀더 구체적으로 떠올리라고 요구했다.

"제가 경찰에 붙잡혀 남편이 불려왔어요. 그리고 다시는 되풀이하지 않겠다는 서약서를 쓴 다음, 남편에게 꾸지람을 들었습니다. 그 생각만 하면 저는 비참한 기분에 잠기게 됩니다." 그런데 거기에서 미나 씨는 잠시 생각에 잠기더니, 천천히 말을 이어갔다.

"저는 좀더 남편의 관심을 얻고 싶었어요."

물건을 훔치는 행동의 긍정적인 의도를 스스로 알아차리게 된 것이다.

그녀의 도벽이 가진 긍정적인 의도는 바로 '남편의 관심'이었다. 그녀는 계속 말을 이어 나갔다.

"제가 만든 요리나 일상생활 속의 여러 가지 일에 대하여 남편으로부터 '당신 솜씨 좋은데' 라는 말을 들었으면 좋겠어요. 그래요! 남편이 저를 인정해 줬으면 좋겠어요."

그녀의 대답에서 알 수 있듯, 물건을 훔치는 행동의 더욱 구체적인, 긍정적 의도는 '남편의 승인을 얻는 것' 이었다.

그래서 나는 물건을 훔치는 그녀가 아닌 그녀의 '또 다른 파트'를 만나기로 했다.

"정말 당신이 원하는 스스로의 모습은 어떤 것입니까?"

"생기 있게 가사를 돌보고 가족의 중심이 되어 아이들로부터, 그리고 남편으로부터 인정받는 내 모습입니다."

나는 이렇게 그녀의 또 다른 '자기'를 발견하고 그 두 '자기'를 인티그레이션하기로 했다. 먼저 물건을 훔치는 '자기'를 오른손 바닥 위에 올려놓고 그 모습을 구체적으로 떠올리게 했다.

"어떤 형태입니까?"

"무엇인가 검고 돌 같은 덩어리입니다."

"무게는 어떻습니까?"

"묵직하고 돌처럼 차가운 느낌입니다."

"그러면 그 돌 같은 것을 X라고 합시다. 파트 X에게 물건을 훔치는 이유를 물어보세요."

"남편의 관심을 끌고 싶었대요. 사랑받기를 원해요."

"그럼 이제 왼손 위에 물건 훔치지 않으려는, 아니면 바람직한 행동을 하는 자신을 이미지 해보세요. 어떤 행동을 하고 있습니까?"

"가족의 중심이 되어 즐겁게 살림을 하고 있어요."

"어떤 모습입니까?"

"뭉실뭉실한 핑크 빛 구름과 같은 느낌입니다."

"크기는?"

"손바닥에서 넘치는 듯합니다."

"그러면 그것을 Y라고 합시다. 파트 Y에게 무엇을 하려고 하는

지, 무엇을 전하려고 하는지, 무엇을 얻으려고 하는지 물어보세요."

"생기 있게 살고 싶어해요. 남편과 아이들에게 사랑을 받으면서요…."

"이번에는 돌 같은 파트 X와 구름과 같은 파트 Y를 서로 마주하게 하여 상대방의 긍정적인 의도가 자신에게도 소중하다는 것을 서로 이야기하게 하세요. 마치 의식을 치르듯 진지하게 말이죠."

그렇게 나는 파트 X와 파트 Y가 서로의 긍정적인 의도를 승인하도록 했다. 그런 다음 그녀가 두 손을 모아 파트 X와 파트 Y를 하나로 융합시키게 했다.

"거무스름한 돌과 핑크빛의 뭉실뭉실한 구름이 손 안에서 하나로 합쳐지는 것을 느끼세요. 그리고 완전히 하나로 된 것을 느끼면 손을 펼쳐 파트 X와 파트 Y가 하나로 된 통합된 모습을 바라보세요. 어떤 형태를 하고 있습니까? 어떤 색깔입니까?"

"핑크의 빛을 내는 수정구슬이에요. 듬직한 무게가 느껴지고 따뜻한 빛을 내뿜고 있습니다."

"그러면 그 통합된 새로운 '자기'를 천천히 가슴 속에 넣습니다. 천천히 심호흡을 하면서 두 손을 가슴에 대고 핑크빛의 수정 구슬이 자신의 세포 하나 하나에게 스며들어간다고 느끼세요. 가족 속에서 태양과 같은 존재인 자신이 몸 속으로 깊이 스며드는 겁니다."

마지막으로 나는 그녀에게 물건을 훔칠 만한 장소에 있는 자신을 상상하게 하였다. 퓨처 페이스를 하게 한 것이다.

그렇지만 그녀는 더 이상 물건을 훔치는 자신을 떠올리지 못했다. 그 후 미나 씨는 실제로 자신이 먼저 적극적으로 남편과의 대화를 시도할 수 있게 되었다. 그러자 남편 또한 바른 커뮤니케이션만이 가족의 분위기를 바꾼다는 것을 깨닫고 미나 씨에게 사랑과 협조를 보내기 시작했다.

그렇게 미나 씨는 더 이상 물건을 훔치지 않게 되었고, 가족의 중심에 서서 스스로 자기를 인정하며 행동해 나갈 수 있었다. 그즈음 그녀는 스스로를 이렇게 표현하기도 했다.

"풍요로운 애정에 넘쳐 자녀 앞에서도, 남편 앞에서도 자신감으로 가득 찬 태양과 같아요⋯."

엄마의 소망과 딸의 식사장애

17세의 학생 수경 씨(가명)는 과식을 하고는 다시 그것을 토해 내기를 반복하는 식사장애 증세를 가지고 있었다. 빈번하게 편의점에 달려가서 군것질 거리를 사들여 실컷 먹고는 금새 토해버리는 것이었다. 마치 토하기 위하여 먹는 것 같이⋯. 그녀는 살찌는 것을 몹시 두려워하고 있었는데, 실제 그녀는 상당히 마르고 약한 체격이었다. 수경 씨는 전에도 나와의 대화로 여러 가지 고민을 해결한 적이 있었기 때문에 나는 그녀에게 이미 익숙해진 질문을 던졌다.

"정말로 어떤 모습의 자기이고 싶어요?"

"건강하고 의욕적이고 다른 사람에게 도움이 되는 제가 되고 싶어요."

174

그녀의 생각은 극히 상식적이고 올바른 것이었다. 그래서 나는 먹고 토하는 것을 반복하는 긍정적인 의도는 무엇일까, 함께 탐색해 보았다.

"우리 엄마는 항상 저에게 뚱뚱해지면 안 된다고 말씀하세요. 사실은 그게 항상 마음에 걸려요. 어떤 때는 그런 생각이 들어요. 엄마 마음에 꼭 맞는 딸이 되려면 여위지 않으면 안 될 것 같은…"

그래서 나는 앞의 사례에서와 마찬가지로 인티그레이션 방법을 활용하기로 마음먹었다. '여윈 모습을 갖기 위하여 토하는 자신'을 파트 X로 두고, '생기에 넘치고 건강한 모습을 지니며 다른 사람에게 도움이 되고 싶은 자기'를 파트 Y로 하여 인티그레이션을 실행했고, 그렇게 파트 X와 파트 Y가 서로 합쳐서 새롭게 생겨난 이미지는 '다른 사람에게 도움이 되고 싶은 자기'였다.

그렇게 하여 수경 씨는 마음이 차분히 가라앉아 스스로 해결 방법을 찾게 되었다. 예를 들어, 먹을 것을 사기는 하지만 그것을 먹지는 않고 냉장고에 넣어 둔다는 데까지 개선되었던 것이다.

자립하고 싶은 자신과 어머니를 존중하고픈 자신을 통합

인티그레이션을 활용하여 자신을 변화시킨 예를 하나 더 소개하려고 한다. 은화 씨(가명)는 30대 중반의 여성으로 이벤트 관련 직종에서 일을 하고 있었다.

아침에 쉽게 일어나지 못한다는 것이 은화 씨가 안고 있는 문제였는데 평소에는 아무렇지도 않다가 중요한 회의라든지, 이벤트가 예정된 전날 밤에는 좀처럼 잠을 이루지 못한다고 했다. 그래서 새벽에 잠이 들어 늦잠을 자게 되고 결국 1~2시간이나 지각한 게 벌써 세네 번이나 된다는 것이었다. 자명종 시계를 몇 개나 준비했지만 아무 소용이 없었다고 그녀는 하소연했다.

나는 은화 씨에게 물었다.

"어떤 때 잠이 오지 않습니까? 단순히 다음날에 대한 긴장 때문인가요? 아니면 자신 속에서 내적 대화가 일어납니까? 그것도 아니면 어떤 누군가와 관련되어 있습니까?"

그러자 그녀가 의외의 대답을 했다.

"그 말을 듣고 보니 지각했을 때마다 반드시 어머니와의 일이 얽혀 있었던 것이 생각나요. 어머니의 목소리가 들려와 그것 때문에 잠을 잘 수 없었어요."

나는 여기서 실마리를 잡아 구체적으로 대화를 이끌어 나갔다. 그랬더니, 그녀의 소망은 회사의 중요한 회의가 아니라 다소 엉뚱한 데 있었다.

"빨리 자립하고 싶은데 나도 모르게 아직도 어머니의 말씀에 휘둘리고 있는 것 같습니다."

알고 보니, 은화 씨는 어머니와 같이 살고 있었다. 이벤트나 회의 등, 중요한 일이 있는 전날 밤에 어머니에게 그 일을 이야기하면 어머니는 어떤 이벤트인지, 어떤 회의인지를 자세하게 질문하고는 '너 같은 애가 그런 일을 할 수 있겠니' 하는 염려를 표시하며, '일단 맡게 된 이상에는 차질 없이 하지 않으면 안 된다, 실수하면 안 된다, 이러 이러한 점에 주의를 기울여야 할 것이다…' 등

등 걱정을 잔뜩 늘어놓는다는 것이다. 그것이 은화 씨의 기운을 북돋아 주기는커녕 거꾸로 불안한 마음을 일으켜 마침내는 화가 나게 만들고 은화 씨의 잠마저 달아나게 하는 것이었다. 스스로 그것을 알고 있음에도 불구하고 어머니가 자신에게 소중한 사람이기 때문에 심한 불평을 할 수가 없다는 대답이었다. 은화 씨 내면에서 '어머니가 말씀하시는 것은 잘 듣자.'는 자신과 '벌써 30대인데 자립해야지.' 하는 또 하나의 자신이 갈등을 일으키고 있었던 것이다.

그래서 나는 중요한 일이 있는 전날 밤, 잠들지 못하게 되어 늦잠을 자는 자신을 파트 X로 하고, 어머니를 소중히 여기면서도 완전히 자립한 자신을 파트 Y로 하여 인티그레이션을 실시해 보았다.

늦잠 자게 되는 파트 X에게 긍정적인 의도를 물어보는 가운데, '어머니가 시키는 대로 하게 된다, 어머니에게 휘둘려 산다.'는 대답에 이어 '어머니에게 착한 딸이 되려고 한다.'라는 말이 나오게 되었다. 그리고 '그러한 자신의 행동에 화도 나고 불쾌하지만 나를 소중히 여기는 어머니의 말씀이니 잘 듣자, 어머니의 애정을 받아들이자'라는 긍정적인 의도가 발견되었다. 그래서 나는 '어머니의 애정을 받아들이는 자기'와 '자립하여 전향적으로 성장하자'는 자기를 하나로 통합시켜 은화 씨의 몸 속으로 되돌려 넣었다.

은화 씨는 인티그레이션을 연습함으로써 '자신감에 넘친 자신'을 체험할 수 있었고, 그 후에 은화 씨의 모습은 정말이지 사뭇 달라져 있었다.

"변함 없이 어머니는 이것저것 말씀하시지만 그것에 휘둘리지 않고 들을 수 있게 되었습니다. 그때마다 불쾌한 기분도 들지 않게 되었고 잠도 잘 자게 되었죠. 아침에는 기분 좋게 일어날 수 있어 지각도 하지 않게 되었습니다."

은화 씨는 잠들지 못한 것이 이벤트나 회의와 관계된 일로 초조해 한다든지 흥분하고 있었기 때문이라고 생각하고 있었지만, 사실은 어머니의 잔소리와 지나친 염려 때문이었다. '너 같은 애가 그런 일을 할 수 있니? 기왕 하는 것, 빈틈 없이 하지 않으면…, 실패하면 어떻게 할래?' 와 같은 말에 반응하고 있었던 것이 원인이었던 것이다.

이와 같이 부모가 자녀에게 건네는 애정의 말이 애정으로 표현되지 않고 걱정, 불안으로서 전해지는 현상은 많은 부모, 자녀 사이에 비일비재하게 일어난다. 그것은 아주 자주 부모와 자녀의 관계를 왜곡시키고 있는데, 예를 들면 '공부 좀 해라.' 라는 말도 부모들은 그것이 자녀에 대한 애정의 표시라고 말하지만 실제로는 불안과 걱정에서 나오는 경우가 대부분이다. 반면에 '제발 공부 좀 해라.' 라는 말 대신 정말 자녀가 의욕을 이끌어 낼 수 있는 대화를 나눈다면 자녀들은 부모가 시키지 않아도 공부를 즐겁게 생각할 수 있을 것이다. 아울러 의욕적으로 학교에 가고 의욕적으로 사람들과 좋은 관계도 맺게 될 것이다.

부모도, 선생님도 자신의 애정과 관심을 표현하기 위해 일방적으로 '공부 좀 해라.' 라고 말하기가 쉽다. 물론, 공부하는 것 자체는 바른 일이지만 그것이 '하지 않으면 안 되는 것' 으로, 명령이나 강요가 되어서는 절대로 자녀들의 의욕을 불러일으킬 수 없다는 사실을 어른들은 깨달아야 한다.

당신이 당신의 아들에게 '제발 공부 좀 해라.' 라는 말을 던졌다고 가정해 보자. 이때 이 말을 듣는 자녀들은 이 문제를 어떻게 받아들일까? 아이들은 이 명령을 단순히 '양자택일의 문제' 라고 밖에 받아들이지 않는다. 다시 말해, 공부라는 관심사는 사라지고 '부모나 선생님이 시키는 것을 할까, 말까?' 라는 선택의 기로에 봉착하게 된다는 것이다.

가만 생각해 보면 이런 왜곡과 갈등들은 가정과 사회 모두에서 부지기수로 일어나고 있다는 것을 당신도 눈치챌 수 있을 것이다. 이런 현상들이 불거져 부모와 자녀관계의 갈등, 가정 내 커뮤니케이션 문제가 나타나고 있는 것은 아닐까?

다시 공부이야기로 돌아와 생각해 보자. 당신이 만약 아이를 갖고 있는 부모라면 이것을 꼭 기억해야 한다. 공부는 수단에 불과하다. 절대 궁극적인 목적이 아니다. 자녀 스스로 공부를 의욕적으로 하도록 하려면, 공부를 '양자택일의 문제' 로 국한시켜 버리면 안 된다. 수단의 저쪽에 있는 진실한 목적에 대하여 자녀와 함께 이야기하여 장래의 많은 가능성을 '스스로 선택' 하도록 만들어 주어야 한다. 목적을 위한 수많은 수단 중 하나로 '내가 스스로 공부를 선택한다.' 는 마음이 들도록 해야 한다는 뜻이다.

새로운 행동이 발견되다
— 식스 스텝 리프레이밍(Six Step Reframing)

그만두고 싶은 행동 대신, 보다 좋은 행동을 발견한다

모든 행동에는 긍정적인 의도가 있다. 긍정적인 의도란 당신에게 무엇인가 전향적인 의미가 있다는 뜻이다.

당신은 혹시 어떤 일을 하려고만 하면 두통이 생기는 문제를 갖고 있는가? 그렇다면 그 두통에는 무엇인가 긍정적인 의도가 있다. 당신의 두통은 '일을 하는 방식이 부적절하지 않은가? 지금은 그 일을 할 때가 아니다.' 라는 메시지인지도 모른다.

당신이 건강이나 주위 사람들을 생각하여 담배를 끊고 싶은데도 끊을 수 없는 것은 흡연이라는 행동에 '담배를 피우면 마음이 가라앉는다, 생각할 수 있는 시간을 벌 수 있다, 피운 다음에 능률이 오른다.' 등 여러 가지 긍정적인 의도가 내포되어 있기 때문이다. 자신은 의식하지 못하고 있어도 이와 같은 좋은 면이 있기 때문에 담배를 끊으려고 마음먹어도 좀처럼 끊을 수가 없는 것이다. 그렇기 때문에 이제 그 행동을 변화시키고 치유하기 위해서는 두통이나 담배가 베풀어주는 것, 가르쳐 주는 것, 그 긍정적인 의도를 만족시키는 다른 무엇을 발견할 필요가 있다.

'그만 두고 싶다, 바꾸고 싶다' 며 오로지 문제가 되는 행동, 그것만을 의식함으로써 오히려 점점 그 문제로 빠져드는 경우가 흔히 있다. 그럴 땐 자신이 문제삼은 행동 대신 할 수 있는 새로운 행동들을 발견하는 게 효과적일 수 있다. NLP에는 이렇게 변화하고 싶은 사람들에게 새로운 대안을 찾아주는 6단계 해결방법을 제시하고 있는데 그것이 바로 식스 스텝 리프레이밍이라는 기법이다.

리프레임이란 어떤 사건에 대해 전혀 다른 사고 방식을 적용함으로써 그 사건의 의미를 바꾸는 것인데, 식스 스텝 리프레이밍은 기존의 행동에서 긍정적인 의도를 발견해 내고 그 의도를 충족시키는 새로운 행동을 찾아내는 방법이다. 식스 스텝 리프레이밍의 여섯 단계를 소개한다.

[스텝 1] 하고 싶지 않은 행동이나 그만 두고 싶은 자신의 나쁜 습관을 한 가지 정하여 X라고 한다.

[스텝 2] 자신의 내부 의식 중 X를 만들어 내는 파트에게 대화를 요청하여 승낙을 얻어낸다.

[스텝 3] X에게 긍정적인 의도를 묻고 그 긍정적인 의도를 만족시킬 수 있는 다른 행동을 해볼 의향이 있는지 묻는다.

[스텝 4] 자신의 내부의식 중 리소스풀한, 또는 창조적인 파트에게 그 긍정적인 의도를 만족시켜 줄 수 있는 다른 행동을 세 가지 가르쳐 달라고 부탁한다.

[스텝 5] X를 일으키는 파트에게 새로운 세 가지 행동을 확인하게
하고 그 의향을 묻는다.

[스텝 6] 새로운 행동의 선택에 반대하는 다른 파트는 없는지 조
사해 본다(에콜로지컬 체크). 반대하는 파트가 없으면 가까
운 장래에 이 새로운 행동이 효과적인지 체크해 본다(퓨
처 페이스).

그리움을 대치하고 있는 과음

남호 씨(가명, 48세)는 가족과 떨어져 지방 영업소에서 일하고 있는
회사원이다. 그는 주말엔 부인과 중학생 아들이 있는 집에서 보내고
일요일 오후에 다시 근무지로 돌아가곤 했는데, 그때마다 요즘 부쩍
학교를 가기 싫어하는 아들에 대한 부인의 걱정을 들었다고 한다.

뿐만 아니라 남호 씨는 술만 마셨다하면 곤드레만드레가 돼서
다음날 업무에까지 영향을 미치게 되는 자신에 대해서도 하소연을
하였다. 아무리 '오늘은 적당히 먹어야지.' 해도 어느 샌가 몸을 가
눌 수 없을 정도로 술을 마시게 된다는 것이었다.

나는 우선 남호 씨에게 '과음' 이라는 행동을 X라고 이름 붙이
게 하였다. 식스 스텝 리프레이밍을 시작하기 위한 준비 단계였
다. 다음으로, 순서에 따라 X를 유발하는 남호 씨 의식의 한 파트
에게 왜 과음을 하는지 질문을 던졌다.

"아들이 걱정 돼서요. 이렇게 멀리 떨어져 매일 돌보지 못하는

게 안타까워서…."

사실 남호 씨는 겉으로는 '아이 교육은 아내가 알아서 잘 하겠지'라고 생각했지만 그 무의식 속에서는 학교에 가지 않으려는 아들을 곁에서 돌보고 싶다는 마음이 있었고, 그렇게 하지 못하는 자신에 대한 책망이 과음으로 연결됐던 것이다. 결국 과음의 긍정적인 의도는 '부성애'였다. 그래서 나는 그 긍정적인 의도를 충족시키는 다른 행동이 있다면 해보겠냐고 남호 씨의 파트에게 묻게 했고 그 파트의 대답은 '예스'였다.

"그럼 이제 당신의 창조적인 파트에게 그 긍정적인 의도를 충족시키는 다른 행동을 세 가지 가르쳐 달라고 하세요."

그는 골똘히 생각하더니 다음과 같은 세 가지 대안을 내놓았다.

"첫째, 주말에 돌아오면 아들과 함께 낚시나 영화를 보러 가겠다. 둘째, 근무지에서 자주 집으로 전화를 하고 편지를 쓴다. 셋째, 아들 일로 걱정하고 있는 아내의 이야기를 잘 듣는다."

"과음을 하게 하는 '파트'에게 이 세 가지 행동을 해 볼 의향이 있는지 하나씩 물어보세요."

그는 침착하고 진지하게 자기의 파트에게 그 세 가지 질문을 던졌다.

"세 가지 다 좋답니다."

"새로운 세 가지 행동에 대해 반대하는 다른 파트는 없습니까?"

"없습니다."

이렇게 식스 스텝 리프레이밍은 일단 마무리되었다. 실제로, 상담 후 남호 씨는 주말에 집에 오면 아들과 낚시를 갔고 근무지에서도 자주 집으로 연락을 했다고 한다. 물론 아내와 아들에 관해 많은 이야기도 나누었다. 처음엔 어색했지만 의식적으로 노력하다 보니 주중에는 떨어져 있지만 늘 가족과 함께 있는 느낌으로 생활할 수 있었고, 신기하게도 과음을 하던 버릇은 서서히 없어지기 시작했다.

아기가 뱃속에서 거꾸로 섰어요!

'뱃속의 아기가 때때로 거꾸로 서곤 합니다' 라는 증상을 호소하던 임산부가 식스 스텝 리프레이밍을 통하여 아기가 제자리에 들어앉게 한 사례를 하나 소개하고자 한다.

정순 씨(가명)는 30대 중반의 주부로 임신을 한 지 9개월 째로 접어들고 있었다. 출산일을 기다리며 순조롭게 하루하루를 보내고 있었는데, 최근 아기가 거꾸로 서는 증상이 종종 일어난다고 했다. 태아 교육이나 출산에 대비하기 위하여 다니는 어머니 교실의 조산원 선생님으로부터 '아기가 거꾸로 서면 출산할 때 큰 일을 겪게 된다, 임신하면 집에 얌전히 있지 않으면 안 된다.' 는 이야기를 들어온 터라 그녀는 매우 초조해 하며 걱정에 사로잡혀 있었다.

"조산원 선생님은 외출을 삼가고 몸을 조심하라고 하지만 저는 워낙 외출을 좋아해요. 그렇지만 아기가 걱정이 되어 요즈음은 거의 집에서만 생활을 하고 있어요."

그녀가 나를 찾아왔을 때조차 아기는 뱃속에 거꾸로 들어 서 있었다.

나는 곧바로 아기가 거꾸로 서는 증상을 'X'로 설정하도록 했다. 그리고는 그녀 내부에서 X를 만들어 내는 파트에게 정순 씨 스스로 질문을 던지게 했다.

"대화를 좀 하고 싶은데 괜찮아요?"

"예."

"왜 아기가 거꾸로 서게 되는지 가르쳐 주겠습니까? 아기를 거꾸로 서게 함으로써 얻는 게 도대체 무엇이죠?"

"너무 무리하지 않도록 하기 위해서, 더욱 자신을 조심하도록 하기 위해서(여기서의 '자신'이란 X가 아니라 정순 씨를 가리킨다)."

"그 긍정적 의도를 만족시키는 다른 행동이 있다면 해 보겠습니까?"

"예."

이번에는 창조적인 다른 파트 Y에게 "자신을 소중하게 하며 잘 쉬게 하는, 긍정적인 의도를 만족시키는 다른 행동을 세 가지 가르쳐 주세요."라고 부탁을 하게 했다.

"가벼운 운동을 한다, 여유 있게 시간을 갖는다, 무슨 좋은 일이 있거나 자기가 애써 이루어 낸 어떤 일이 있으면 자신을 승인하고 칭찬해 준다!"

이렇게 대안을 제시한 파트 Y에게 그녀는 "가르쳐 주어서 고맙습니다."라고 감사의 인사를 보냈다.

그리고 나는 이제 새롭게 탄생한 대안들에 대해서 정순 씨와 대화를 나누었다.

"여유 있는 시간을 가져 보겠습니까?"

"예."

"가벼운 운동을 해 보겠습니까?"

"예."

"하루를 되돌아보고 잘한 일이 생각났을 때, 자신에 대하여 칭찬을 하겠습니까?"

"예."

세 가지 행동 모두 OK였다. 몸의 다른 파트들에게도 이 세 가지 행동에 반대하는지 어떤지 물어 보았지만(에콜로지 체크), 다행히 반대하는 파트는 없었다. 그렇게 결론이 내려지자 정순 씨는 앞으로 이 세 가지 행동을 정말로 실천하겠다고 다짐을 했다.

나는 끝으로 미래에 대한 체크(퓨처 페이스)로, 아기가 거꾸로 서게 될 것 같은 경우를 상상하고 그 때에 이 세 가지 행동 중 한 가지를 실천하는 모습을 떠올리게 했다. 정순 씨는 어머니 교실의 강사 선생님에게서 주의 받은 일이 계기가 되어 아기가 거꾸로 서게 되었으므로, 강사 선생님으로부터 주의 받는 장면을 상상하였다.

"그것은 너무 잦은 외출이나 너무 몸을 피곤하게 하지 말라는 그런 의미예요."

강사 선생님은 전과 다름없이 말했지만 그녀는 이제 마음 편하고 가볍고 선생님의 말을 들을 수 있었다.

집으로 돌아간 정순 씨에게서 바로 전화가 왔다.

"집에 돌아와 보니 거꾸로 서 있던 아기가 벌써 바로 서 있었어요."

그녀의 목소리는 매우 밝고 명랑했다.

어머니 교실의 선생님에게서 들은 '~해서는 안됩니다' 라는 주의 때문에 정순 씨는 외출할 때마다 아기에게 죄책감을 느끼게 되었고 그것이 아기가 거꾸로 서는 원인이었던 것이다. 하지만 그녀는 식스 스텝 리프레이밍을 통해서 외출에 대한 선생님의 의견이 '나에 대한 애정 때문이다' 라는 것을 알아 차렸을 뿐만 아니라 자신의 마음 깊은 곳에서 아기가 거꾸로 서는 증상의 긍정적인 의도를 대신할 수 있는 새로운 행동을 발견하여 그 행동을 실천하기로 결정했다. 그리고 마음으로 결정한 바로 그 순간에 아기에 대한 죄책감으로부터 해방되어 아기가 거꾸로 서는 것이 치유될 수 있었다.

정순 씨는 그 후 또 한번 아기가 거꾸로 선 일이 있었지만 즉시 바로 고쳐져 결국 무사히 순산할 수가 있었다. 사실, 임신 9개월 째에 접어들어 아기가 거꾸로 서게 되면 문제가 심각해질 수가 있다. 왜냐하면 9개월 째에는 태아의 몸이 커져 있기 때문에 바로 잡지 못하면 제왕절개를 해야만 하는 것이다. 하지만, 정순 씨는 '대체 행동을 하는 것만으로 문제를 해결할 수 있다. 원래대로 돌아갈 수 있다' 라는 안정된 심리 상태로 자신의 문제를 바로 치유할 수가 있었다. 그녀는 아기의 자리가 바로잡힌 것뿐만 아니라, 다른 대체 행동으로 건강도 좋아지고 아기와 항상 대화할 수 있어서 더욱 좋았다고 말했다.

NLP의 적용은 한 개인에게만 국한되지 않는다.

당신을 둘러싼 모든 범위로 NLP를 점차로 확장시켜 나갈 때 당신은 최고의 인생,

최고로 만족한 삶, 엑설런트 라이프에 이를 수 있다. 이 장은 NLP의 다양한 적용범위와

보다 넓은 세계로 나가기 위한 당신의 기본 자세에 관한 내용이다.

Neur

최고의 인생으로 다시 태어나다

뇌내언어 맵과 커뮤니케이션 영역

정말로 바라는 것, 그것을 막고 있는 장애물

　NLP의 구체적인 기법에 의하여, 또는 NLP의 사고방식을 몸에 익힘으로써 참으로 많은 사람들이 자신이 정말로 바라는 상태를 알게 되고, 자신의 리소스를 발견하여 본인이 생각한 이상으로 빠르게 바람직한 상태를 만들어 내고 있다. 카운슬링이나 세미나 중에서 이야기를 듣거나 기법을 연습하는 가운데, 그때까지는 그다지 생각조차 하지 않았던 것이 자신에게 정말로 바람직한 상태로 나타나는 일이 흔히 있다. 문제에 휩싸여 있을 때, 기분이 침울할 때에는 보이지 않았던 새로운 희망이 보이는 것이다.

　또 바람직한 상태를 실현하는 것을 막는 것이 자신이 생각해 보지도 못했던 곳, 즉 무의식 속에서 보이는 일도 흔히 있다.

　이 책에서 소개한 사례에서도 '공부가 잘 되지 않는 것은 딸에 대한 죄책감 때문이다, 자녀의 아토피성 피부염이 잘 낫지 않는 것은 부부의 커뮤니케이션에 문제가 있었기 때문이다, 아침에 일어나지 못하는 것은 가족과 교류할 수 있는 시간을 바라고 있었는데도 얻을 수 없기 때문이다, 잠을 자지 못하는 것은 다른 이유가 아니라 알고 보니 어머니의 말씀에 반응하고 있었기 때문이었다…' 등 문제행동의 원인, 즉 바라고 있는 것을 막고 있는 장애물이 전혀 다른 곳에서 발견되어 곧바로 해결로 이어지는 경우가 많았다.

이와 같이 NLP의 사고방식, 다양한 기법들을 활용하여 스스로에게 질문을 던지면 자신이 정말로 바라는 상태, 정말로 원하는 것, 그리고 그것을 만들어 내는 것을 막고 있는 것이 무엇인지 확실하게 보이기 시작한다. 자기 자신이 바라는 것이 무엇인지 명확하게 바라볼 수 있다는 것은 목적과 그것을 이루기 위한 수단들도 명확해졌다는 것을 의미한다. 이런 결과들이 도출되면 새롭게 탄생한 방법들을 자연스럽게, 그리고 천천히 몸에 익히기만 하면 되는 것이다.

뇌내언어 맵이 넓어지면 깊은 커뮤니케이션을 할 수 있다

NLP를 일상생활에 활용하는 것은 지금까지의 인생에서 형성된 뇌내언어 맵을 넓히는 일이기도 하다. 간절하게 바라는 상태를 이루지 못하도록 차단하고 있는 원인들이 이 뇌내언어 맵 속에 있는 경우가 많기 때문이다. 거기에는 부모로부터 받은 금지나 제한, 명령의 목소리가 가득 들어 있다. 그것이 무엇인가를 하려고 할 때마다 그 일을 막는 목소리가 되어 자신의 내부에서 들리는 것이다.

이제부터는 자신의 뇌내언어 맵을 넓혀, 깊은 곳에서 자신의 진정한 목소리를 듣도록 해야 한다. 그 깊은 곳에 자신이 정말로 바라는 것을 알려주는 말이 가라앉아 있다. 사람은 제 각각 다른 뇌내언어 맵을 가지고 있으므로 그 차이가 사람들과의 커뮤니케이션을 방해하고, 그것이 자신의 가능성에 제한을 가하는 경우도 있다.

커뮤니케이션이란 자신의 생각, 기분을 사람들에게 전하는 것일 뿐만 아니라 상대방의 의욕도 이끌어 내는 수단이다. 가족이나 회사 등, 다른 사람들과 함께 살아가고 파트너로서 서로 공존하여 갈 때, 효율적인 커뮤니케이션은 대단히 커다란 힘을 발휘한다.

커뮤니케이션 영역의 넓이

여기에서는 NLP를 활용하여 자신과, 그리고 가족과의 커뮤니케이션을 개선시킬 수 있는 구체적인 방법들을 배워보기로 하자.

우선 '정말로 바라는 것은 무엇인가?' 를 발견하고 '그것의 실현을 막고 있는 것' 을 알아차리고 최고로 만족스러운 삶, 엑설런트 라이프를 만들어 내는 행동을 시작하자.

자기 자신, 그리고 다른 사람의 의욕이나 능력을 이끌어 내는 것으로서의 커뮤니케이션은 거기에만 머무르지 않고 직장, 학교, 지역사회와 같이 당신이 속해 있는 사회 계층으로 계속 넓어져 간다.

당신 자신이 엑설런트 라이프를 선택하고 그것을 실천하며 살아갈 때 직장, 학교, 지역에서의 커뮤니케이션도 보다 깊어지고 주

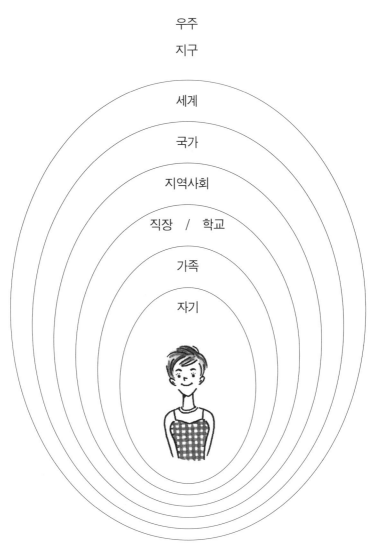

우주

지구

세계

국가

지역사회

직장 / 학교

가족

자기

커뮤니케이션 영역의 넓이

위 사람들의 의욕도 더욱 더 일으킬 수 있게 될 것이다.

한층 더 시야를 넓히면 우리나라 전체, 세계로까지 당신의 커뮤니케이션은 넓어져 간다. NLP에서는 당신과 관계하는 상대방과 그 상대방 너머에 있는 저쪽에 대한 영향도 의식하고 소중히 한다. 당신이 NLP를 몸에 익혀 그대로 살아간다면, 당신은 분명히 당신의 의식이나 생존방식이 국내 전체로, 그리고 세계로 영향력을 넓혀 가는 것을 보게 될 것이다. 왜냐하면 당신뿐만 아니라 세계의 모든 사람들 또한 최고로 행복한 삶, 엑설런트 라이프를 살아가길 원하고 그렇게 할 수 있는 가능성을 가지고 있기 때문이다.

이와 같이 넓은 시야를 가졌을 때에 비로소 커뮤니케이션의 영역 전체에서 '자신' 이라는 존재의 소중함이 느껴지리라고 생각한다. NLP에서 에콜로지라는 사고방식을 중요시 하는 것도 이 때문이다. NLP에서 말하는 에콜로지란, 단지 환경만이 아니라 더욱 더 넓은 영역 전체와 자신과의 관계를 말한다. NLP에서 바람직한 상태, 원하는 것을 이미지화하여 나타내고 그것을 실현하려고 할 때, 에콜로지컬 체크를 하여 자신의 목적이 다른 사람의 삶의 목적을 방해하는지, 어떤지를 살펴보는 것도 그 때문이다.

상위 레벨부터 변화해야 한다
- 뉴로로지컬 레벨(Neurological Level)

인간의 의식 속에 존재하는 6가지 레벨

리차드 밴들러와 존 그린더, 두 사람에 의하여 시작된 NLP는 아직도 현재진행형이다. 계속해서 NLP를 연구하고 새로운 사고방식을 만들어 내는 사람들이 있기 때문이다. 그 중에서 캘리포니아의 NLP 유니버시티에서 활약중인 로버트 딜츠의 뉴로로지컬 레벨 이론은 NLP 사고방식 전체를 정리한 것이라고도 할 수 있고 NLP의 진수라고 해도 과언이 아닐 것이다. 여기에서 그 뉴로로지컬 레벨 이론을 소개하기로 한다. 번역하면 '신경학적 레벨' 이라는 좀 이해하기 어려운 말이 되지만, 인간이 가지고 있는 의식의 레벨이라고 생각하면 이해하기 쉽다. 딜츠는 인간의 의식을 다음과 같이 크게 6단계로 나누었다.

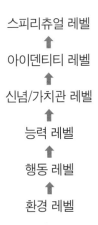

스피리츄얼 레벨
↑
아이덴티티 레벨
↑
신념/가치관 레벨
↑
능력 레벨
↑
행동 레벨
↑
환경 레벨

환경 레벨이란 당신이 지금 있는 장소를 뜻하며 주위에 있는 것, 주위에 있는 사람, 보이는 것, 들리는 소리나 목소리, 또는 그런 것들과의 관계를 말한다.

행동 레벨이란 '당신이 무엇을 하고 있는가? 어떠한 행동, 행위를 하고 있는가?'에 대한 대답을 의미한다.

능력 레벨은 당신이 가지고 있는 힘, 재능, 리소스이다.

신념/가치관 레벨은 인생, 일상생활 속에서 당신이 기준으로 삼고 있는 생각이나 무의식적으로 가지고 있는 맹목적인 믿음, 혹은 소중히 여기고 있는 그 무엇을 뜻한다.

아이덴티티(Identity : 자기인식) 레벨은 '자신이 어떤 사람인가'라는 의식, 혹은 자신이 존재하는 의미나 사명(미션)을 가리킨다.

스피리츄얼(Spiritual) 레벨이란 지금까지의 모든 레벨들을 넘어선 곳에 있는 의식으로서 당신의 존재, 그 자체를 지키고 있는 이유를 의미한다. 당신의 존재 이유는 당신이 가족, 직업, 지역사회, 지구나 우주에 어떠한 영향을 미치고 있는지를 규명해 줄 수 있다. 이와 같이 스피리츄얼 레벨에서는 환경 레벨과는 다른 의미에서 당신에게 존재의 이유를 주고 주위에 영향을 미친다.

이 사고방식을 문제나 고민거리의 해결에 적용해 보자. 고민거리나 문제라는 것은 사실 이런 의식 레벨에서 말하자면 환경 레벨과 능력 레벨 사이에 존재하는 경우가 많다.

예를 들면 '회사가 싫다, 집에 있기 거북하다, 그 사람과 같이 있으면 불쾌하다'라는 것은 환경 레벨의 문제이다. 그리고 '아이가

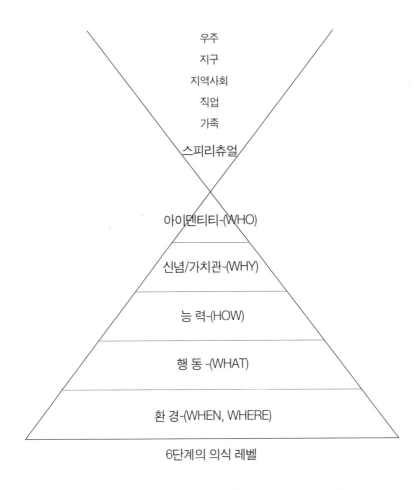

우주
지구
지역사회
직업
가족
스피리츄얼

아이덴티티-(WHO)

신념/가치관-(WHY)

능 력-(HOW)

행 동 -(WHAT)

환 경-(WHEN, WHERE)

6단계의 의식 레벨

참고 : 로버트 딜츠(Robert Dilts)《뉴로로지컬 레벨, Neurological Level》

학교에 가려고 하지 않는다, 나도 모르게 남편에게 차갑게 대하게 된다, 술을 끊을 수 없다.' 등은 행동 레벨의 문제이다.

또, '일을 잘 할 수 없다, 공부할 수 없다, 자녀를 훌륭히 키울 수 없다, 조금만 더 잘 할 수 있었으면' 하고 말하는 것은 능력 레벨의 문제이다. 행동 레벨이 단지 '~한다, ~하였다.' 에 관한 것임에 비하여 능력 레벨은 '~할 수 있다, ~할 수 없다.' 라는 의식의 단계이다.

인생에서의 문제라는 것은 이 세 가지 레벨(환경, 행동, 능력 레벨)에서 일어나는 것이 대부분이다. 특히 많은 것은 환경, 행동 레벨이다.

따라서 사람들은 흔히, 어떤 문제가 발생했을 때 즉각적으로 그 문제가 속하는 레벨에서 해결하려고 하지만, 그것은 그다지 효과적이지 않다. 즉각적인 조치로 문제가 해결되었다고 생각할 수도 있겠지만 결국 같은 문제가 차례차례 형태를 바꾸어 계속 일어나게 될 것이기 때문이다. 본질적으로 문제를 완전하게 해결하려면 문제가 하위 레벨에서 일어났다 하더라도 해결방법을 반드시 상위 레벨에서 찾아서 바꾸어 나가야 한다. 그러면 하위 레벨의 문제는 자연히 해결된다. 환경, 행동, 능력 레벨의 문제는 신념/가치관, 아이덴티티와 같은 상위 레벨의 의식을 바꾸어 주면 궁극적인 해결의 방향이 정해지고 문제가 이미 문제로서 느껴지지 않게 될 수도 있다. 왜냐하면 우리가 부딪치는 여러 삶의 문제들은 환경, 행동, 능력 레벨의 문제처럼 보여도 사실은 신념/가치관, 아이덴티티와 같은 상위의 의식 레벨에 기인하는 경우가 많기 때문이다.

'문제(갈등들)는 정말 어느 레벨에서 일어나고 있는가?', '문제를 일으키는 바탕이 되는 것은 어느 의식 레벨인가?' 라고 질문할 때, 문제 해결을 위해서는 특히 두 번째 질문을 구체적으로 파헤치는 것이 중요하다. 그리고 그 의식 레벨을 바꾸는 것이 갈등과 문제를 해결하는 가장 빠른 길이다.

좋다 vs 나쁘다 / 옳다 vs 그르다

우리들이 평소에 부딪치는 문제나 고민들은 '좋아하지 않는다, 싫다, 내가 한 일은 좋지 않은 일이다, ~은 옳은 것이 아니다, 저 사람은 틀렸다, 나는 올바르다.' 등등, '좋다 vs 나쁘다/옳다 vs 그르다' 와 같은 견해의 차이에서 생겨나는 경우가 대부분이다.

예를 들면, '상사가 싫다.' 라는 것은 좋고 싫음의 문제이고 '자녀가 학교에 가지 않아요' 라는 것은 좋고 나쁨의 문제, '자녀가 폭력을 휘둘러요' 라는 것은 옳고 그름의 문제로서 환경, 행동 레벨에서 나타난다.

그렇지만 이러한 문제들은 '상사란 ~ 해야만 한다.' 혹은 '상사는 ~해서는 안 된다.' 라는 평소의 신념이 작용하여 문제로 인식된 것으로, 사실은 행동 레벨이 아니라 신념 레벨에서 기인하는 문제들이다. 자녀에 대한 문제만 해도 '학생은 매일 학교에 가야만 한다, 나의 아이는 절대로 폭력을 휘둘러서는 안 된다.' 라는 맹목적인 믿음(신념) 자체가 문제로서 지적될 수 있는 것이다.

환경이나 행동 레벨에 의식이 멈추어져 있으면 그곳에 머문 만큼 오랜 시간 고민이나 문제에 빠져 있게 된다. 하지만 시각을 달리하여 이런 문제들을 상위 레벨로 인식하고 재검토하면 새로운 대안과 해결 방법을 의외로 손쉽게 찾을 수 있다. 왜냐하면 상위 의식 레벨에 자기의 의식이 있으면 환경이나 행동 레벨의 문제는 스스로 대처할 수 있는 문제로 보여지게 되기 때문이다. 실제로 상위 레벨의 의식을 변화시키는 것만으로도 그러한 문제를 지혜롭게 해결하는 사람들이 매우 많다.

신념 / 가치관, 아이덴티티가 행동을 정지시킨다

당신이 정말로 바라는 상태, 원하는 것을 만들어 내는 행동을 상위 레벨의 의식인 신념/가치관, 아이덴티티 레벨이 막고 있는 경우도 흔히 있다. 이러한 레벨의 의식은 뇌내언어 맵과 마찬가지로 그때까지의 인생의 전 체험에서 형성되어 온 것이다. 그리고 거의 무의식적으로 그것에 따라서 지금까지 살아왔기 때문에 사람들은 자기의 신념에는 그다지 신경을 쓰지 않고 있다.

예를 들면 '옳은가, 그른가?' 라는 생각에 집착하여 '옳은 일을 해야만 한다.' 라는 신념을 가지고 살아가는 사람은 자신이 '옳다.' 고 생각하는 것에 계속 구애되어 자신의 행동을 자책한다든지, 다른 사람을 지속적으로 꾸짖게 된다. 그래서 '학교에 가는 것이 올바른 것이다, 학교에 가지 않으려는 어린이는 나쁜 아이다.' 라는 신념을 가진 어머니의 자녀가 학교에 가지 않으려고 한다면 '나는 자녀를 학교에 가지 않으려는 아이로 키우고 말았다, 나는 올바른 것을 가르치지 못한 나쁜 엄마다.' 라고 자신을 꾸짖고 절망에 빠지게 되거나, '나의 자녀 교육은 틀리지 않았다, 내 아이의 기분을 몰라주는 학교나 선생님이 나쁘다.' 라고 외부로 화살을 돌리게 되는 것이다.

신념이나 가치관을 바꾸는 것은 대단히 어려운 것 같이 느껴진다.

그러나 NLP의 사고방식, 기법들을 활용하면 그동안 형성되어 온 자신의 신념을 변화시키는 것이 그렇게 어려운 일만은 아니다. 가장 상위 레벨인 스피리츄얼 레벨에까지 의식을 가지고 가면 자신의 존재 의의, 자신이 정말로 소중히 여기는 것을 새삼스럽게 알아차리고 자신의 아이덴티티나 신념/가치관을 바꿀 수 있기 때문이다.

또, 자신의 신념/가치관이 행동에 제한을 가하는 것을 알아차리게 되면 리프레임을 할 수가 있다. 과거의 체험에서 형성된 신념/가치관은 스위시, 타임 라인과 앵커링 등의 기법을 응용하고 과거의 체험을 리프레임함으로써 바꿀 수도 있다. 신념/가치관이 바뀌면 행동은 당연히 변화되게 되어 있는 것이다.

예를 들면, '옳고 그르다, 좋고 나쁘다.' 라는 레벨을 넘어서 가정 내에서나 자녀와의 관계에서 어머니인 자신의 존재를 스스로 승인할 수 있다면, 자녀가 학교에 가려고 하지 않는다는 것은 부정할 수 없는 사실이어도 '학교에 가는 것이 올바른 것이다, 학교에 가지 않으려는 어린이는 나쁜 아이다.' 라는 그때까지의 신념이나 가치관이 변화되어 '~ 한 나는 나쁜 엄마다.' 와 같이 자신(어머니)을 좋고 나쁘다로 판단해 버리는 레벨을 넘어설 수 있다. 그리고 '나는 아이를 사랑하는 어머니이다.' 라는 자기인식의 기분을 소중히 여기게 되어 자녀도, 자신도 존중하는 행동이 자연스럽게 나오게 되는 것이다. 그래서 자녀에게 '정말로 너는 어떻게 하고 싶니? 네가 진짜로 하고 싶은 것은 무엇이니?' 라고 자녀의 신념/가치관에 대해 진지하게 대화를 할 수 있음으로써 문제를 해결할 수 있는 실마리를 찾게 되는 것이다.

해결 능력과 책임, 그 사이

나를 바꾸려고 시도하는 순간, 저절로 상대가 바뀐다

자녀와의 갈등으로 괴로워하는 어머니는 '내가 나쁘거나 아니면 아이가 나쁘다.'라는 양자택일의 기로에 빠져버려, '어떻게 하고 싶은가?'라는 곳까지는 좀처럼 나아갈 수 없게 되는 경우가 많은 것 같다.

그러나 이런 사람이라 할지라도 NLP를 조금만이라도 배워서 응용해 보면 '상대방을 바꿀 수는 없어요. 그럴 필요도 없고요. 왜냐하면 나를 바꾸려고 시도하는 순간, 상대는 저절로 바뀌게 마련이니까요.'라는 진리를 쉽게 발견할 수 있다. 이 진리를 발견하면 몸의 자세도 좋아지고 자신의 행동, 외모에도 즐거운 관심을 가질 수 있으며 정신적으로 무척 활기차게 생활할 수 있다. 어머니의 의식이 바뀜으로써 학교 생활을 죽어도 싫어하는 아이의 행동이 변화될 수 있는 것처럼….

한 문제에서 헤어날 수 없을 정도로 빠져버리는 가장 근본적인 원인은 '상대방이 변화되기를 바란다는 생각', 그 자체이다. 그러나, 이것이 현실적으로 가능한가? 나를 위해서 직장 상사가 변화될까? 나를 위해서 부모님이, 혹은 자녀가 알아서 성격을 바꿀까? 이런 바람은 '나 하나를 위해서 온 세상이 변화되었으면 좋겠다'라는 바람처럼 터무니없는 환상일 뿐이다. 세상은, 당신 주위의 많은 사람들은 절대로 당신을 위해서 성격을 바꾸지는 않을 것이다.

하지만 이것은 가능하다. 가능할뿐더러 아주 쉽다. '나를 변화시켜서 상대를 바꿔버리자!' 자신을 변화시키면 그 순간부터 비로소 문제가 해결되고 상대방과의 관계에서 긍정적인 변화가 일어나기 시작한다. 문제현상 자체가 없어지지는 않을지라도 최소한 당신에게는 그 문제가 아무것도 아닌 일이 되어 버릴 것이다.

당신만이 해결사가 될 수 있다

눈앞에 있는 문제를 해결할 수 있는 능력은 문제를 인식하고 있는 당신, 오직 당신만이 가지고 있다. 예를 들면 자녀가 학교에 가지 않으려고 하는 문제로 어떤 어머니가 곤란해 하고 있다고 가정해 보자. 학교에 갈 수 없어 괴로워하는 것은 자녀 자신이므로 문제는 자녀의 것이다. '학교에 간다.' 라는 해결 능력은 반드시 그 자녀의 내부에 있다. 자녀가 학교에 가지 않으려는 것에 대하여 어머니가 자신에 대해 낙심할 것이 아니라, 어머니 스스로가 자신에게로 의식을 돌려 자신이 바라는 인생을 찾기 시작하면 자녀도 자신의 소망을 찾기 시작하여 학교에 가지 않으려는 문제가 자연히 해결될 수 있다.

다시 한번 말하지만 학교에 가는 힘, 학교에 가지 않으려는 것에 대응하는 힘은 자녀 본인이 가지고 있다. 어머니는 단지 '네가 정말로 원하는 것은 무엇이니? 너는 어떻게 하고 싶니?' 라고 대화하며 아이가 스스로 미래로 의식을 향하도록 돕는 형태로 관계를 개선시켜 나갈 수 있는 것이다.

문제를 해결하는 능력을 영어로 말하면 'Response + Ability(대응하는 능력)' 이다. 이것을 연결한 말이 'Responsibility, 책임' 이라는 말이다.

책임이라고 하면 흔히 무슨 불상사가 있었을 때 사장이 사임하든가, 교장 선생님이 사죄하는 것과 같은 것을 연상하지만, 본래 책임이란 '대응하는 능력, 해결 능력' 을 뜻하는 것이다. 그러므로 '자신의 행동에 대한 책임은 자신이 지니고 있다' 는 뜻은 '자신이 느끼는 문제에 대한 해결 능력은 오직 자신이 가지고 있다' 는 의미가 된다.

책임 의식의 반대 개념이 '피해자 의식' 이다. 이는 '누구 누구 탓, 그 일(사람) 때문에' 라고 사람이나 이미 일어난 일의 탓으로 책임을 돌리려는 성향을 의미하는데 이런 식의 생각으로는 절대 문제를 해결할 수가 없다.

NLP를 활용하면 우선 피해자 의식으로부터 자유로워질 수 있다. 왜냐하면 자신의 책임 의식을 견고하게 갖게 되기 때문이다. 이렇게 깨닫고 나면 행동의 변화는 훨씬 쉬워질 것이다.

컵의 바닥에 구멍이 뚫렸다면?

상대방에게 맞추어 옷을 갈아입는다고?

재미있는 일화를 하나 소개해 볼까?

어느 날 내가 회색의 수트를 입고 외출하려고 했을 때, 남편은 이렇게 말해 주었다. "당신 좋은데. 그 옷, 아주 잘 어울려."

나는 기쁜 마음으로 외출을 했다. 그런데 밖에서 친구를 만났는데 그 친구는 대뜸 이렇게 말하는 것이었다.

"네가 입은 그 옷, 너무 수수하지 않니? 너한테는 좀더 밝은 색이 좋을 텐데…"

나는 조금 실망스러웠다.

그리고 며칠 후 다시 그 친구를 만났을 때, 나는 밝은 파랑색의 수트를 입고 나갔다.

"그 옷 아주 좋아. 이제야 너답구나! 아주 잘 어울려."

친구의 이 말에 나는 아주 흡족한 마음으로 친구와 어울려 있는데, 마침 그 자리에서 만난 다른 친구가 또 엉뚱한 얘기를 하는 것이었다.

"얘, 그 옷, 너무 튀지 않아? 그리고 너한테는 이런 정장보다 캐쥬얼이 좋을 거야. 나이도 좀 생각하는 것이 좋겠지만…"

나는 다시 맥이 풀렸다.

다음날 조금 차분한 색깔의 캐쥬얼 웨어로 외출하려고 하자 이번엔 남편이 무심하게 한마디 던졌다.

"저런, 왠지 단정하지 못한 것 같아. 그 전에 입었던 그 회색 수트가 당신에게는 훨씬 잘 어울리는데, 수트로 하지 그래?"

도대체 나는 어떻게 하면 좋을까? 자기가 자기의 옷을 고르는데도 상대방의 의견에 맞춰 옷을 이리 저리 바꾸지 않으면 안 되는 상태가 된 것이다. 다른 사람에게서 어떤 말을 들을 때마다 기분이 혼란스러워져 정말로 자기가 좋아하는 옷, 자기에게 어울리는 옷이 어느 것인지조차 알지 못하게 된 것이다. 진짜 내모습은 어디로 가버린 것일까? 자기에게 어울리는 옷, 자기가 입고 싶은 옷을 자신이 자신을 가지고 정하면 될 것을….

자, 이 우스운 나의 일화가 어떻게 느껴지는가? 하지만 이런 다소 우스운 모습으로 세상을 살고 있는 사람들이 의외로 많은 것 같다. 자기 자신의 삶의 방식을 스스로 정하지 못하고 다른 사람의 눈을 의식하여 살고 있는 사람들 말이다.

승인의 물(水)로 컵을 채운다

스스로 자기 자신을 인정하고 자신감을 가지고 있는 상태를 '승인하고 있는 상태' 라고 한다. 당신의 마음 속에 하나의 컵을 가지고 있다고 이미지해 보자. 그리고 자신에게 '나는 자신 있다, 나는 열심히 최선을 다하고 있다고 스스로 인정한다, 나의 장점, 단점을 모두 포함하여 나를 승인한다.' 고 말해 보자. 그런 생각이 진실로 가득 찰 때, 당신의 내면에 있는 컵은 '승인의 물(水)'로 가득 찰 수 있다.

반면 스스로 '나는 해낼 수 없을 거야, 자신감이 없잖아, 나를 승인할 수 없다.'고 한다면 당신 마음 속의 컵에는 구멍이 뚫린 것이다. 컵 바닥에 구멍이 뚫려 있으니 승인의 물이 점점 새어나가 버리는 것은 당연지사! 그렇기 때문에 자신이 스스로 승인의 물을 채우지 못한다면 누군가 다른 사람으로부터 승인을 얻어서라도 그 컵을 채워야 한다.

사실 마음 속에 갖고 있는 컵에는 거의 대부분 구멍이 뚫려 있다(물론 사람마다 구멍의 크기는 다르지만). 그래서 자신감과 자기 존중감을 유지하려면 그 컵을 채우는 노력을 한순간이라도 게을리 하면 안 되는 것이다. 만약 컵이 비워져 가는 상태를 마냥 놓아둔다면 그 사람은 금새 다른 사람의 의견에 휘둘리며 사는, 점점 더 자신감이 없는 사람이 될 것이다.

따라서 우리는 자신의 마음 속에 있는 이 컵을 채워 가는 동시에, 궁극적으로는 컵에 뚫려 있는 구멍을 막을 수 있는 방법을 찾아내야 한다. 어떻게? 우선, 자기를 긍정적으로 보고 자기가 자기를 승인하는 시간이 필요하다. 자기의 좋은 점과 나쁜 점을 모두 포함해서.

당신은 '긍정적인 점과 부정적인 점을 동시에 가지고 있는 자기'를 스스로도 잘 알고 있을 것이다. 당신 자신의 마음에 들진 않겠지만, 어쨌든 부정적으로 느껴지는 자신의 파트도 사실은 당신을 지탱하고 있는 중요한 파트인 것이다. 중요한 것은 장점이든, 단점이든 그것을 문제삼지 않고 그 모든 면을 포함하여 우선은 승인의 물로 내면의 컵을 가득 채워야 한다는 것이다.

"아주 잘 하고 있지 않은가?"

"나는 최선을 다 하고 있다. 그리고 잘 해내고 있다. 나는 그럴 만한 능력을 가지고 있다."

이렇게 자신의 삶 속에 자기 자신을 승인하는 시간을 마련해야 한다. 효과적으로, 잊지 않고 이것을 생활화하려면 매일, 하루를 끝맺음 하는 시간에 '오늘은 참 잘했어' 라고 자신의 행동을 승인하는 시간을 갖으라고 권하고 싶다. 다른 사람에게서 승인 받는 것도 물론 중요하고 기쁜 일이지만 자기 자신이 자기를 승인하는 것이 가장 중요하기 때문이다.

자기 승인으로부터 행동이 시작된다

자기가 자신을 승인할 때, 비로소 바람직한 상태, 원하는 것이 보이고 새로운 행동이 일어날 수 있다. 그 예를 소개하려고 한다.

자신의 일과 관련하여 '내가 이렇게 열심히 하는데도 성과가 오르지 않는다. 헛일을 하고 있는 느낌이다.' 라고 느끼고 있던 은주 씨(가명)는 나와의 짧은 대화를 통해 열심히 일하고 있는 자신을 스스로 승인하지 못하고 있다는 것을 금새 알아차렸다.

"제 마음의 컵은 구멍이 아니라 아예 밑바닥이 빠져 버렸나봐요. 아니, 그게 아니라 아예 마음 속에 승인의 컵 자체를 가지고 있지 않은 것 같습니다.”

그래서 나는 은주 씨에게 자신을 승인하는 물로 컵을 가득 채운, 5년 후의 비전을 그려보도록 했다.

“유치원을 경영하고 있어요. 아이들이 내 주위에 북적거리고 있습니다. 아주 행복한 모습이에요.”

그 비전에 따라 나는 그녀가 그 다음날부터 한 가지씩 한 가지씩 자기를 승인할 수 있도록 도왔다.

그리고 지금은 이미 그 비전이 이루어져 실제로 유치원을 운영하고 있는 은주 씨는 “저 자신을 승인함으로써 내가 본질적으로 가지고 있는 힘을 불러 일으켰고, 그 결과로 나타난 것이 유치원의 원장이라는 그림이었다고 생각합니다”라고 이야기한다.

은주 씨는 나를 처음 만났을 때 5년 후의 비전으로 유치원 경영을 떠올렸지만 자기 승인을 철저히 몸에 익혀간 결과, 실제로 비전의 그림을 본 지 7개월만에 유치원 경영을 시작할 수 있었다.

“그림으로 한번 본 이상, 그냥 가만히 있지 못하게 되었고, 그러자 아버지를 비롯하여 자신이 그다지 의식하고 있지 않았던 주위의 사람들도 저를 점점 믿고 도와주기 시작했죠.”

이렇게 해서 은주 씨는 비교적 젊은 나이에 유치원을 운영하기 시작하였다. 그런데 이번에는 유치원에 원아가 점점 줄어드는 문제가 발생했다.

은주 씨는 “아이들의 어머니들에게 설득력 있게 설명할 수 없습니다. 아마도 내가 너무 젊기 때문에 가볍게 보이고 있다는 의식을 자꾸 하게 되는 것 같아요.”라고 생각하고 있었다.

그래서 은주 씨는 다시 NLP를 활용하여 며칠 동안 꾸준히 연습을 해나갔다.

"나이 같은 것은 문제가 아니야. 나는 어린애를 좋아하는 나인 것만으로 충분해."

이런 자기 승인으로 자신을 가득 채웠을 때 그녀는 새롭게 돌출된 그 문제에 잘 대응할 수 있게 되었다. 지금은 견학하러 온 어머니들에게 원장으로서 여유 있고 당당하게 상담을 하고 있다.

"어떤 유치원이기를 바라십니까? 아이를 어떻게 성장시키고 싶으십니까?"라고 질문하며….

어린이들이 무럭무럭 행복하게 자랄 수 있는 환경을 제공하기 위해 노력하는 은주 씨의 유치원은 첫 입원식에 단 2명이었던 원아가 1년 후인 지금은 60명이 되었다고 한다.

규칙이 가장 자유롭다

자유를 창조하는 삶의 룰, 효과를 높이는 NLP의 룰

룰(Rule), 규칙과 규정들은 무엇 때문에 존재하는 것일까?

스포츠를 예로 살펴볼까? 스포츠의 룰은 그 스포츠를 자유롭게 즐기기 위하여 태어난 것이다. 룰의 진정한 의미는 '~해서는 안 된다.'라는 제한의 의미가 아니라 여러 사람이 자유롭게 즐기기 위한 하나의 틀로서의 역할인 것이다.

NLP에는 NLP를 더욱 효과적이고 즐겁게 즐기도록 돕는 두 가지의 룰이 존재한다. 하나는 '시간을 지킨다.' 라는 것이고, 두 번째 룰은 '세미나 룸 내에서 보고 들은 다른 사람의 얘기는 절대로 제3자에게 이야기하지 않는다' 라는 것이다.

우선, 시간을 지키는 것은 사람들이 모여 하나의 일을 하는 데 당연히 필요한 일이기 때문이다. 그리고 어떤 사람의 체험을 다른 사람에게 이야기하지 않는다는 룰은 그 룰을 지킴으로써 다른 사람의 경험과 느낌을 소중하게 존중하여 편안한 마음으로 이야기를 하고 NLP 연습에 몰두할 수 있도록 하기 위해서이다.

사람이 함께 있는 곳에는 반드시 룰이 필요하다. 그리고 규칙이란 그것을 지킴으로써 더욱 더 스스로 자유로워지게 만드는 힘을 가지고 있다. 뿐만 아니라 우리는 서로간에 규칙을 지킴으로써 가장 중요하고 소중한 '신뢰' 를 쌓아 나아갈 수 있다.

나 또한 NLP 상담을 하거나 지도할 때 꼭 지켜야 하는 스스로의 룰을 가지고 있다. 그것은 바로 '문제를 해결하는 것은 클라이언트이다. 전문 상담사라고 해서 문제를 해결해 줄 수 있는 것은 아니다. 상담사는 절대로 충고하지 않는다. 상대방의 문제에 몰입하지 않는다(항상 중립적인 입장을 지킨다).' 라는 규칙이다.

상대방이 어떤 문제나 갈등을 호소할 때는 그것을 듣고 있는 사람이 카운슬러라고 할 수 있다(꼭 카운슬러 자격증을 가지고 있지 않더라도 말이다). 훌륭한 카운슬러란 클라이언트가 스스로 문제를 해결하는 것을 원조하는 사람이다. 그 때문에 질문을 한다든지, 의식을 바꾸게 한다든지 하여 상대방에게 잠재되어 있는 문제 해결 능력을 이끌어 낼 수 있어야 한다. 어떤 문제를 호소하는 사람들은 흔히 듣고 있는 사람에게 직접적으로 설교나 충고를 듣기를 원하지만(실제 그와 같은 카운슬링 방식도 있을 것이다), 그것은 NLP의 방식이 아니다.

만약, 당신 주위의 누군가가(친구, 부모나 자녀, 혹은 직장 동료 등) 당신에게 찾아와 자신의 문제와 갈등들을 얘기하고 어떤 해결 방법을 달라고 요청한다면?

부탁하건대, 그들에게 절대로 직접적으로 명령이나 충고식의 해결 방법을 던져주지 말라. 그런 해결 방법들은 본질적으로 그 사람을 개선시켜줄 수도 없을 뿐더러 계속해서 비슷한 문제들을 일으킬 것이기 때문이다.

처음부터 내가 강조하고 있는 NLP의 전제, '최고의 인생, 엑설런트 라이프를 찾고, 그것을 실현해 가는 능력은 누구에게나 있다!' 이것을 잊지 않길 바란다.

문제는 곧 기회이다. 문제에 부딪쳤을 때 효과적인 방법을 찾을 수만 있다면 그것이야말로 엑설런트 라이프를 찾기 시작하는 절호의 찬스인 것이다. 낙심이라든지, 고민에 빠져 있는 상태로부터 의식이 변하기만 하면 문제를 해결하는 힘은 본인 속에서 솟아올라오게 되어 있다. 왜냐하면 문제를 느끼고 있는 오직 그 사람만이 해결 능력을 가지고 있으니까….

당신의 가정에는 가족 룰이 있습니까?

당신이 이제 NLP에 대해 조금이라도 이해했다면 그리고 당신의 삶에 변화시키고픈 작은 문제라도 있다면 나는 가장 먼저 '가족 룰'을 가지라고 권하고 싶다. 룰이라고 해서 그렇게 어렵게 생각할 필요는 없다. 일상생활 가운데서 간단한 역할 분담을 하고 지킬 수 있다면 지금 당장 시작하라. 가족 룰의 예를 들어 볼까?

· 신문을 가져오는 것은 아이들
· 목욕탕 청소는 아버지
· 쓰레기를 모으는 것은 어머니
· 쓰레기를 지정된 수거 장소에 내다 놓는 것은 아버지

혹은, 이런 식의 가족 룰을 만들어도 좋다.
· 식사할 때에는 TV를 끈다
· 아침에 일어나면 침구는 각자가 정리한다
· 아침에 5분씩 체조를 함께 한다

이와 같이 가족 룰을 만들면 자녀들이 어릴 때부터 규칙을 지키는 것이 습관화되어, 후에 성장을 하고 난 다음에도 사회의 규칙이나 질서에 부담감 없이 적응할 수 있게 된다.

또한 규칙을 지키는 것이 습관화되면 거기에서 벗어난 행동을 했을 때, 그 행동의 긍정적 의도가 쉽게 보인다. 가정에 반드시 지켜야 하는 룰이 없거나, 있어도 자녀의 응석을 받아들여 부모 스스로가 그것을 깨뜨려 버리면 자녀는 그것을 보고 '룰은 지키지 않아도 되는 것'이라고 학습해 버린다.

예를 들면, 한 달에 얼마라고 용돈이 정해져 있는데도 자녀가 '이것을 사달라, 저것을 사달라.'고 말할 때, 사주지 않으면 행동이 비뚤어질 것 같다는 불안감으로 물건을 사줘 버리면 이것은 규칙을 위반하는 것이다. 이럴 때, 자녀는 '규칙은 경우에 따라서 지키지 않아도 되는 것이구나' 하고 배운다. 물건을 사려면 돈이 필요한데 돈은 정한 범위 내에서만 쓰는 것이 아니고, 또 일해서 벌지 않아도 다른 손쉬운 방법(예를 들어 떼를 쓰거나 응석 부림)으로 얻을 수 있다고 배우게 된다는 뜻이다. 어린 학생들이 일으키는 강도, 절도, 원조교제 등의 사회 문제들은 이러한 배경에서 발생되는 경우가 많다.

부부 사이에서 생기는 불만이나 위화감도 일정한 규칙을 서로 정해 놓으면 기본적인 신뢰가 단단하게 구축되어 문제가 생겼을 때 해결할 수 있는 방법들이 합리적으로 쉽게 도출된다.

직업에 관한 것, 가사에 관한 것, 식사에 관한 것, 자녀에 관한 것 등, 모두 일정한 규칙이 있으면 서로 커뮤니케이션을 하는 것만으로도 개선되는 경우가 대부분이다. 또한 문제가 일어났을 때에도 '룰을 지키지 않았기 때문이다'라는 것을 알아차리고 '룰을 지키지 못한 이유는?'이라고 긍정적인 의도를 찾아 행동으로 옮기기도 쉽게 된다.

　반면 어떤 룰도 형식도 없다면 서로 위화감을 갖게 되어 해결의 실마리도 찾지 못한 채로 그것이 증폭되어 갈 가능성이 매우 높아진다.

　룰, 규칙은 모랄(Moral)이라고도 할 수 있다. 따라서 지금부터는 규칙이라고 했을 때 '~해서는 안 된다, ~해야만 한다, ~하지 않으면 안 된다.' 와 같은 강제적이고 딱딱한 표현을 될 수 있으면 사용하지 말고, 대신 긍정적인 생각과 표현을 할 수 있도록 노력하자. 예를 들어, '~하자, ~합시다' 와 같은 청유형의 언어로 표현하는 것을 습관화하는 것도 하나의 방법이다. '룰이란 어떤 것을 훌륭히 잘 해내도록 하기 위한 것' 이라는 사고 방식으로 룰을 정하고 긍정적인 말로 표현하도록 하라는 의미이다.

배움의 프로세스

배움의 4가지 단계

　NLP에서는 사람이 무엇인가를 배워 그것을 몸에 익히는 과정을 네 가지 단계로 나누고 있다. '무의식/무능력, 의식/무능력, 의식/능력 발휘, 무의식/능력 발휘' 의 4단계이다.

■ 무의식 / 무능력 단계

아직 무엇을 하고 싶은지 정해지지 않았고 자신의 능력도 모르는 상태이다.

■ 의식 / 무능력 단계

무엇인가 하고 싶은 것을 정했지만 행동을 시작하지 않았으므로 아직 능력이 발휘되지 못하는 상태이다.

■ 의식 / 능력 발휘 단계

하고 싶은 것을 정하여 배운 내용을 의식하면서 반복하여 사용하는 상태이므로 필요한 능력이 발휘되는 상태이다.

■ 무의식 / 능력 발휘 단계

배운 것이 몸에 익어 무의식적으로 자연스럽게 그것을 사용할 수 있는 상태이다.

예를 들어, 자전거 타게 되는 과정을 생각하면 이해하기가 매우 쉬울 것이다. 처음에는 자전거에 대하여 흥미가 없으므로 당연히 타고 싶은 마음도, 탈 수도 없다. 이것이 '무의식/무능력 단계' 이다.

그 다음, 자전거를 타고 싶다고 생각하여 자전거를 사서 타보려고 의식하지만 아직 탈 수 없는 상태가 '의식/무능력 단계' 이다. 그리고 나서 자전거를 탄다고 의식하면서 연습하는 가운데 실제로 탈 수 있게 되는데, 이것이 바로 '의식/능력 발휘 단계' 이다. 끝으로 자전거 타기가 몸에 익숙해지면 몸이 알아서 기억하여 어떻게 몸을 움직여 자전거를 타는지 각 동작을 일일이 의식하지 않아도 자연스럽게 탈 수 있게 되는데, 이 상태를 '무의식/능력 발휘 단계'라고 할 수 있다.

이렇게 자전거 타기처럼 NLP 또한 당신이 배우기를 계속하여 꾸준히 연습한다면 짧은 시간 내에 무의식/능력 발휘의 단계까지 발전해 나갈 수 있을 것이다.

배움은 계속 이어질 때 빛을 발한다

위에 잠깐 언급했듯이 NLP를 배우는 경우에도 당신은 이 4단계를 거치게 된다. NLP를 계속하여 배우면 그 사고방식이 몸에 붙어 자연스럽게 사용할 수 있게 되는 것이다. 당신이 NLP를 무의식/능력 발휘 단계까지 발전시킨다면 자연스럽게 래퍼를 만들어 사람들과 깊은 커뮤니케이션을 할 수 있게 되고, 의식을 바꾸는 것도 간단히 할 수 있게 될 것이다. 문제에 부딪쳤을 때에도 그것에 휘말리는 경우가 눈에 띄게 줄어들 뿐만 아니라, 기분이 침울해져도 빨리 벗어날 수 있게 될 것이다.

NLP를 배우는 도중에 그때까지 배운 단계에서 거꾸로 돌아가는 듯한 기분이 들 때도 있을 것이다. 그러나 그것은 더욱 더 성장하기 위한 잠깐의 정체기이다. 그런 시기가 왔을 때, 포기하지 말고 계속해서 NLP를 배우고 활용하면 또 새로운 알아차림과 발견을 하면서 한 단계 더 나아갈 수가 있다.

218

이 책을 읽고 있는 당신을 위하여, 이제 내가 해줄 수 있는 마지막 선물은 NLP를 계속 활용하라는 한마디의 조언뿐이다. 분명히, 당신의 엑설런트 라이프를 만들어 내는 데 큰 도움이 될 것이다.

행동을 일으키고, 계속적인 행동을 위한 '세 가지의 C'

Challenge(도전한다)

Commitment(결정하여 행동한다)

Communication(자기 표현을 하고 다른 사람의 이야기를 듣는다)!

'C'라는 이니셜로 시작하는 이 세 가지 단어를 기억해 두어라.

이 말들은 당신이 이제부터 엑설런트 라이프를 실현하기 위한 행동을 시작하는 데 반드시 필요한 말들이다.

첫 번째, 당신의 뇌내언어 맵의 외부에 있는 가능성에 도전하자 (Challenge).

두 번째, 정말로 바라는 것을 실현하는 데 장애가 되는 것이 무엇인지를 알아차리고 원하는 것을 실현하기 위한 행동을 시작하자(Commitment).

세 번째, 자신의 기분을 솔직하게 말로 표현하자. 그리고 다른 사람의 이야기를 듣자. 상대방과 두터운 래퍼를 만들고 깊게 커뮤니케이션 하자(Communication).

자, 이제 NLP의 소개와 실행을 위한 짧은 여행을 마치려고 한다.

여러분들은 지금까지 NLP가 무엇이고, 어떻게 실생활에서 응용할 수 있으며 어떤 사람들이 어떻게 활용해서 도움을 받았는지를 구체적으로 살펴보았다.

당신은 새로운 삶, 최고의 인생, 엑설런트 라이프를 누릴 수 있는 잠재력을 가지고 있다. 오직 당신만이 행복으로 이끌 수 있는 열쇠를 가지고 있다. NLP는 당신이 조금 더 쉽게 그 목적지에 다다를 수 있도록 돕고, 힘들고 지칠 때 당신이 끝까지, 그리고 무사히 그 목적지에 도착할 수 있도록 용기와 지혜를 가르쳐 줄 것이다.

'Challenge, Commitment, Communication!'
당신의 엑설런트 라이프를 위하여….

NLP를 끝내고

    이 책을 기획하고 나서 2년 이상이 흘렀다. 그 사이에 출판에 대한 불안과 망설임도 있었지만 경제, 비즈니스, 의료, 교육, 스포츠, 가정생활 등 여러 가지 분야에서 수많은 문제로 고통받고 있던 사람들이 NLP 세미나에 참가하고 난 뒤, "이제부터 NLP가 절대적으로 필요한 시기 같아요. 저는 NLP를 쓸모있게 활용할 겁니다."라며 새로운 시작에 대한 의욕을 보였을 때, 그리고 개인 상담을 받은 사람들이 "좋았습니다. 내 안에 있는 소중한 빛을 보았어요."라며 싱글벙글거리는 모습을 목격했을 때, 내 마음속에 있던 출판에 대한 불안이나 망설임은 점차로 사라졌고 이 책을 통해 많은 사람들이 NLP를 배워 엑설런트 라이프를 만들어내는 계기를 만들 수 있다는 확신을 가지게 되었다.

    내가 스스로에게 '정말로 어떻게 하고 싶은가(What do you want)?'라고 물은 것은 47세 때였다. 그때, 아무 대답도 할 수 없는 나 자신을 발견하고 무척 깜짝 놀랐었다. 나는 남편을 위해, 아이들을 위해, 부모님을 위해, 그리고 주위 사람들의 기대에 부응하는 것만을 생각하며 살아 온 한 사람의 '주부' 일 뿐이었던 것이다. 나는 이 상태로는 내 인생이 결코 행복할 수 없다는 걸 깨달았다. 그리고 큰 용기를 내어 미국 콜로라도로 NLP를 배우러 갔다. 미국인에게도 난해한 영어 단어가 쏟아져 나오는 세미나에 참석하면서 많은 어려움을 겪었고 포기하고 싶은 마음이 굴뚝같을 때도 있었지만 내가 진정으로 원하는 것을 하고 있다는 생각이 모든 어려움을 극복하게 해주었다. 결국 나는 2년만에 NLP 마스터 프랙티셔너 (Master Practitioner) 자격을 얻었다.

세 사람의 천재 테라피스트(심리 요법가)의 언어 패턴을 철저하게 연구하고 체계화한 NLP는 미국의 대학에서는 심리학의 한 과정으로도 다루어지고 있다. 그리고 서양적인 분석과 합리성 가운데 상당히 동양적인 고찰도 포함되어 있는데, 특히 사람의 마음 심층부에 파고드는 물음과 긍정적인 의도를 찾는 것은 불교에서 '깨달음' 을 탐구해 가는 과정과 무척 흡사하다.

나는 NLP를 계속하여 배우면서 카운슬링이나 세미나를 할 때에 점점 커다란 문제와 만나게 된다. 내가 체험한 적도 없는, 상상 밖의 문제들이 제시되는 경우도 있다.

그런 때야말로 상대방의 문제에 휩쓸리지 않고 얼마만큼 선의의 제3자(뉴트럴)의 입장을 지속적으로 견지하느냐가 중요하게 된다.

'사람이 문제를 제시했을 때에 본인은 이미 대답을 가지고 있다.' 는 것, '문제를 해결하는 것은 본인이고 트레이너나 카운슬러가 아니다.' 라는 것을 몇 번이나 체험하였다.

그리고 이것은 배움의 포인트이기도 하다.

자신, 그리고 상대방의 의욕을 이끌어 내기 위하여, 또 상대방의 존엄성을 소중히 하여 NLP 스킬을 배우고 사용하기 바란다.

NLP에서는 체감각으로 배움을 깊게 하는 것을 중요시하고 있다. 이 책을 읽고 한층 더 NLP에 흥미와 관심을 가진 분은 NLP를 체감각을 통하여 체험해 보기 바란다.

마지막으로 독자들에게 다시 한번 묻고 싶다.

정말로 어떻게 하고 싶습니까?

부록

교육에 NLP를 활용한다

앞서 NLP는 사람과 사람이 관계하는 모든 상황에서 활용될 수 있다고 밝혔다. 그런데 그중에서도 NLP가 가장 필요한 분야가 한 곳 있다. 바로 교육 분야이다. 왜냐하면 NLP가 기본 전제로 하는 뇌내언어가 한창 형성되는 시기에 보다 긍정적이고 전향적인 언어와 사고방식을 미리 입력시키는 것이 나중에 이를 개선하는 것보다 훨씬 효과적이기 때문이다.

사실 현재 우리의 교육현장은 왕따, 학교폭력, 그리고 공교육의 붕괴라는 현상들로 얼룩져 있다. 다음에 제시되는 몇 가지 사례는 NLP를 활용하여 이런 교육 문제를 긍정적으로 해결하는 모습을 보여 주는 일선 선생님들의 실제 목소리이다. 사례 다음에는 간단한 설명을 덧붙였다.

'원하는 결과'를 학생자신이 명확히 알게 한다

후카오 노리코(深尾 紀子)선생님 – 복지 전문대학

나는 매년 신학기가 시작할 때, 학생들에게 '아웃컴 시트(Outcome Sheet)'라는 것을 작성시키고 있다.

이는 '2년 후 졸업할 때에 어떤 결과를 얻고 싶은가?, 그것을 얻는 데는 어떠한 문제가 있는가?', 그리고 그것을 얻기 위해서는 어떤 리소스를 사용해야 하는가? 등을 질문하고 학년이 끝나면 그 질문들에 대하여 자기평가를 하게 하는 것이다. 또한 간호 실습을 하기 전에도 '이 실습에서 어떠한 결과를 만들어 내고 싶은가?, 그것을 실현하면 당신은 어떻게 변하는가?, 그것을 실현하기 위해서는 어떠한 노력을 해야 하는가?'를 묻고 실습을 끝낸 후에 '실습에서 무엇을 얻었는가?, 자신을 칭찬할 수 있는 점은?, 다음 번의 목표는 무엇인가?' 등을 스스로 평가하도록 하고 있다.

한 예로 어떤 졸업생의 다음과 같은 아웃컴 시트를 소개한다.

Q. 2년 동안 어떠한 결과를 만들어 냈습니까?

"시야가 넓어졌다. 보이지 않았던 것이 보인다. 인간의 더러움이라든가 인간관계의 어려움 때문에 많은 곤란을 겪었지만 이젠 스스로의 감정을 풍부하게 하여 그런 일들을 이겨내는 힘이 생겼다."

Q. 어떻게 변했습니까?

"잘못된 것은 잘못되었다고 말할 수 있는 용기가 생겼다."

Q. 인생에서 정말로 성취하고 싶다고 생각하는 것은?

　"간호사가 되고 싶고 한 가정의 엄마도 되고 싶다."

Q. 그 실현을 막는 문제점은?

　"한 가정의 어머니로서 무엇에서 행복을 느끼며 사느냐가 문제다."

Q. 그 실현을 위해 사용하는 능력은?

　"나의 인생을 풍요롭게 하고 스스로를 지적(知的)인 여성으로 만들어 가는 것이 바로 능력이라고 생각한다."

Q. 5년 후의 비전은?

　"노약자 돌보기 활동을 3년간 한 다음 전문 간호사의 길을 계속 가고 싶다."

　이 학생은 자신이 겪은 경험들을 가감 없이 받아들이고 하나하나 단계를 밟아 자신의 꿈을 향해 나아가려 하고 있었다.

　이처럼 졸업하기 전까지 실습을 할 때마다 평가 노트를 스스로 정리하여 그것을 근거로 2년간 자신이 해 온 일에 대해 평가하고 스스로 미래에 대한 그림을 그리는 것은 아주 효과적이었다. 또한 자신의 속마음을 잘 털어놓지 않는 내성적인 학생들도 이 아웃 컴 시트를 통하면 선생님들과 원활한 의사소통을 할 수 있었고 간혹 실습을 나간 학생으로부터 오는 다음과 같은 편지에서도 이 방법의 효과를 확인할 수 있었다.

　"실습은 대단히 고되지만 '현장이란 참 좋구나' 하고 생각합니다. 한 사람 한 사람의 노인이 사랑스럽게 여겨지는데 선생님도 이런 마음으로 저희들을 돌보고, 생각해 주신다는 것을 이해하게 되었습니다."

* * * * *

후카오 선생님은 학생들에게 대단히 간단한 방법으로 미래를 보여주고 또 '현재 상태'를 확인하도록 하고 있다.

'왜, 이 학교에 들어왔는가? 여기에서 공부하는 것은 어떤 의미가 있는가? 이 학교를 졸업한 다음에는 어떻게 되고 싶은가?' 라는 심플한 질문으로 학생들 하나 하나가 자신의 의식을 미래로 향하여 자기 자신의 미래를 구체적으로 그릴 수 있게 한 것이다.

미래를 보여준다는 것은, 학생들에게 선생님이 할 수 있는 대단히 중요한 역할이다. 이러한 점을 교육자라면 누구나 알고 있으리라고 생각하지만 실제로 학생들에게 자기의 미래를 보게 하는 선생님은 그리 많지 않은 것 같다. 이런 점에서 후카오 선생님이 학생들에게 적용하고 있는 자기평가라는 개념은 상당히 긍정적이다. 이는 제3자의 입장에서 냉정하게 자기 자신을 보게 하는 것인데 NLP의 포지션 체인지와 거의 같은 것이다. 자신에게서 디소시에이트(객관시 : 客觀視) 하여 타임 라인 속에서 자신을 냉정하게 바라보고 좋았던 점, 나빴던 점을 체크하는 것은 미래를 향해 뻗어나갈 수 있는 큰 힘이 된다. 어소시에이트(주관시 : 主觀視)한 채로는 나쁜 체험에 젖어 미래가 보이지 않는 경우가 많기 때문이다. 언제나 '어떻게 하고 싶은가? 무엇이 되고 싶은가?'를 보는 것이 중요한 것이다.

할 수 있는 그림을 이미지시킨다

가사쿠라 하루코 (笠倉 ハル子)선생님 – 외국어 전문학교

영문 PC 교육과정에서 가장 힘든 부분은 아이들에게 자판을 익히게 하는 것이다. 왜냐하면 자판을 익히는 일은 컴퓨터를 배우는 데 있어 가장 기본이 되지만, 또 가장 지루하기 때문이다. 그래서 아이들은 제멋대로 자판을 누르는 경우가 많고 결국엔 '독수리 타법' 과 같은 비효율적인 방법들에 익숙해져 버리게 된다.

'어떻게 하면 아이들의 지루함을 덜어주고 효과적으로 자판을 익히게 할 수 있을까?'

난 늘 이렇게 고민했다. 그러던 중 NLP를 알게 됐다. 그리고 자판을 가르치기 앞서 아이들에게 1년 후에 키보드 앞에서 날렵하게 자판을 두드리고 있는 자신의 모습을 떠올리게 했다.

"어떤 컴퓨터든지 좋아요. 자 눈을 감고 그 앞에서 멋진 자세로 빠르게 자판을 두드리는 자신의 모습을 떠올려 보세요. 주위에서 그 모습을 보고 감탄하는 사람들의 모습도요…"

그러자 아이들은 전에 없이 진지하게 수업을 들었고 전혀 지루해 하지 않았다.

'자판을 익히는 건 무척 중요하다. 지금 제대로 익히지 않으면 나중에 후회한다', 이렇게 아무리 얘기해도 말을 듣지 않던 아이

230

들이었는데 말이다.

이렇게 NLP를 적용하여 수업을 하니 영문 PC 자격증 시험에서 우리 아이들이 무척 높은 합격률을 보이는 건 당연한 일이 아닌가 한다.

* * * * *

미래의 좋은 그림을 본다는 것은 너무나 파워풀한 것이다. '자신이 할 수 있는 상태'를 이미지하게 되면 의욕적이 되고 숙달도 빨리 되며 공부하는 것이 즐겁게 되기 때문이다.

위의 사례에서 영문 PC 수업이 '따분해도 하지 않으면 안 되는 것'에서 '도전하는 즐거움이 있는 수업'으로 변화했던 것처럼 자신의 미래의 그림을 보게 하는 것은 단지 '해라, 하지 않으면 안 된다'라는 명령이나 금지보다도 훨씬 교육 효과가 높다.

'장래 어떻게 살고 싶은가?' 로
면접시험에 대비한다

후지와라 미키 *(藤原 美紀)* 선생님 – 학원 경영

요즘 진학을 할 때 면접이 당락을 결정하는 경우가 많아져 내가 운영하는 학원에서는 면접시험을 앞둔 학생들에게 '너는 그 학교에서 무엇을 하고 싶니?, 그 학교를 졸업한 다음에는 어떻게 살아가고 싶니?' 라고 질문하고 그 시점(時點)에서 학생 나름대로의 생각을 정리하도록 지도하고 있다.

예를 들어 어떤 학생이 "그 학교에 입학하여 동아리 활동을 적극적으로 하고 싶다."라고 하면 그 대답을 고려하여 그렇게 해서 어떤 식으로 살아가고 싶은지, 그리고 어떤 인간이 되고 싶은지까지를 물어 스스로 생각할 수 있도록 하고 있다.

이런 연습을 함으로써 학생들은 실제 면접에서 자신이 원하는 것과 그것을 성취하는 방법에 대해 자신 있게 말할 수 있게 되었고 우리 학원 학생들의 합격률은 눈에 띄게 향상되었다. 물론 여러 가지 꿈들이 교차하는 시기에 '장래 어떤 직업을 선택할까? 어떤 대학에 진학할까?' 하는 문제를 결정하는 것이 쉬운 일은 아니지만 어떠한 삶의 방식을 취하고 싶은지에 대하여 생각하는 것은 가능하다.

예를 들어 영어를 공부하고 싶은 학생에게 '영어를 할 수 있게되면 무엇을 하고 싶니? 대학에 진학해서 외국에서 온 유학생을 만난다면 너는 그 사람에게 무엇을 해 줄 수 있다고 생각하니? 라고 질문하면 학생의 마음속에서 꿈이 점점 부풀어 올라 "이제부터 우리 나라에도 외국 사람이 많이 오게 되니까 영어를 사용하여 그들을 도우면 참 좋겠다."는 등, 구체적으로 자신의 미래를 그려보게 된다. 이런 교육방침에 학생들도 크게 호응하여 진학한 후에도 학원에 자주 들러 "선생님과 만난 것이 제게는 큰 행운이었다."라고 말하는 아이들도 있다. 또 영어 성적이 오른 어떤 학생에게 "네가 열심히 노력하였기 때문이지."라고 칭찬해 주었더니 "선생님을 만나지 못했다면 저는 영어를 좋아하게 되지 않았을지도 몰라요. 좋은 점수를 받은 것은 선생님과 만날 수 있었기 때문이에요."라고 말하는 것을 듣고, '이제는 생각하고 있는 것을 말로 나타내는 습관까지 붙게 되었는가' 하고 흐뭇한 마음이 들었다. 이런 학생들로부터의 피드백은 나 자신의 의욕, 자신감으로도 연결되어 다른 학생들에 대한 애정도 한층 더 솟아 오르게 된다.

* * * * *

후지와라 선생님은 질문을 함으로서 학생들에게 꿈을 키워주고 있다. 진학이라고 하는 중요한 고비에 장래 어떻게 되고 싶은지를 이미지하는 것은 무척 중요한 일이다. 특히 이 선생님이 말하는 '구체적으로' 라는 것은 NLP에서도 무척 중요한 것이다. 구체적인 이야기를 함으로써 서로의 거리를 좁히고 서로에게 의욕을 불러 일으킬 수 있기 때문이다.

전학온 말썽쟁이를 길들이는 법

우타가와 아키코(宇田川 昻子)선생님 – 영어교실 주임강사

초등학생에게 영어를 가르치는 나는 내가 즐거운 마음으로 수업을 해야 아이들도 즐겁게 영어를 배울 수 있다는 생각으로 매 수업마다 최선을 다하고 있다. 그런데 얼마 전 골치 아픈 녀석이 나타났다. 전학 온 1학년 아이였는데 수업은 듣지도 않을 뿐더러 갑자기 옆에 아이를 때린다든지 물건을 던진다든지 하여 도무지 통제할 수가 없었다. 난 화가 났지만 그 아이가 교실 밖으로 뛰쳐나가지 않는 한 어떻게 해서든지 수업에 참가시키려고 했다. 그 아이와 맞서 싸우려고 한 것이다. 그러나 그럴수록 그 아이는 점점 더 난폭해 졌다. 나는 곧 내 방법이 잘못되었다는 것을 깨달았다. 그래서 얼마 전 우연히 알게 된 NLP의 포지션 체인지를 혼자 시도해 보았다. 그렇게 그 아이의 입장이 되었을 때, 나는 '싸우자' 라는 의식 대신 그 아이가 보여준 부정적인 행동들의 긍정적인 의도를 깨닫게 되었다. 아이는 수업에 적극적으로 참여하고 싶지만 전학 온 지 얼마 안 돼서 직접 말은 못하고 자신의 의사를 그렇게 난폭한 방법으로 표현한 것이었다. 그때부터 나는 '그렇다면 내가 그 아이에게 무엇을 해줄 수 있을까? 를 생각하게 되었다. 그래서 아이의 부모에게 아이와 함께 영어단어 카드를 만들어 달라고 부탁했다. 그러자 아이는 다음날 그 단어장을 내게 보여주며 "선생님, 선생님, 제가 만들었어요"라고 자랑을 했고 저도 "네가 직접 단어 카드를 만들어 와서 선생님도 무척 기쁘구나"라고 말해 주었다. 그런 일이 있은 후부터 아이의 난폭한 행동들은 정말 거짓말처럼 사라졌다.

수업 중에 단정히 앉아있지 못하고 두리번거리는 어린 아이도 있고, 다툼을 벌이는 경우도 있다. 그래도 내 마음 속에는 여유가 있어 '가만히 앉아있지는 않지만 듣고는 있구나' 라든지 '오늘 뭔가 불쾌한 일이 있었던 모양이구나' 라고 생각할 수 있게 되었다. 그리고 "정말로 뭘 하고 싶니? 어떻게 하고 싶었니? 정말은 다른 것을 말하고 싶었던 거지?"라고 질문하도록 하고 있다.

그런 식으로 학생의 태도나 행동의 표면만이 아니라 각각의 어린이의 깊은 곳을 보고 있는 것을 부모들도 느끼고 있어 자녀들과 좋은 커뮤니케이션을 하고, 부모들에게서는 서포트를 받아 좋은 클래스가 되었다.

한편, 1년에 몇 번인가 부모에게 통지표 같은 것을 보내고 있다. 거기에는 한 사람 한 사람의 자녀의 성장 상태를 상당히 상세하게, 어떤 일을 했는지, 할 수 있었는지, 어떤 결과를 만들어 냈는지를 써서 알려주고 있다. 그것에 대하여 부모로부터 길다란 회신을 받는다든지, 짧아도 '선생님 덕분입니다.' 라는 감사의 피드백을 많이 받고 있다. 또, 이야기를 할 때에도 감사의 피드백이 돌아오고 있다.

* * * * *

우타가와 선생님은 학생이 난폭하게 구는 현상에 휘말리지 않고 '모든 행동에는 긍정적인 의도가 있다.' 라는 NLP의 사고방식에 바탕을 두고 학생을 보고 있다. 부모들도 단지 '나쁜 짓을 했기 때문에 선생님이 꾸중한다.' 라는 것보다는 '그 행동의 의미' 를 선생님이 보고 가르쳐 준다고 하는 점에서 선생님과 이야기를 하고 감사의 마음을 표현하는 것이다.

또 우타가와 선생님은 자신이 '맞서 싸우고 있다.' 는 사실을 알아차리고 의식을 바꾸기 위하여 포지션 체인지 엑서사이즈를 사용하고 있다. 문제로부터 벗어나서 불쾌한 기분도 좋은 기분도 느끼지 않는 제3자의 입장에 서서 사실을 받아내는 스킬을 능숙하게 사용하고 있는 것이다.

한 사람 한 사람의 학생에 대한 평가를 '착한 아이가 되었다, 잘 할 수 있었다.' 라고 '좋다/나쁘다' 라는 레벨에서 한발 더 나아가 "이러한 결과를 만들어 내고 있다." 라고 사실을 구체적으로 평가하여 부모에게 피드백하고 있다. 그렇게 함으로써 부모에게 안심감을 주고 자녀가 하고 있는 모습의 그림도 보여줄 수 있다고 생각한다.

여기에 NLP의 '구체적으로' 라는 사고방식도 살아나고 있다.

"착한 아이구나" 라는 칭찬하는 말도 기쁜 것이지만 '어떤 점이 좋은가? 거기에 어떤 의미가 있는가?' 라는 것을 전하는 것이 매우 중요하다. 집에서는 보이지 않는 아이의 밖에서의 행동이 확실히 부모의 눈에 보이게 됨으로 안심과 신뢰로 연결되기 때문이다.

최고의 환경을 만들기 위한 최고의 방법

다케다 치에코(武田 千惠子)선생님 – 유치원 원장(방콕)
(이 책의 제6장에 소개된 은주 씨의 실제 이야기이다.)

나는 작년 방콕에서 일본인 자녀를 위한 유치원을 오픈하였다. 내가 유치원을 시작하게 된 계기는 NLP를 공부하면서 그때까지 내가 전혀 내 스스로를 승인해 본 일이 없었다는 것을 알아차렸기 때문이다. 그리고 처음으로 나를 승인했을 때, 유치원을 시작하자는 비전이 보였다.

유치원은 취학 전 아이들이 학교에 다닐 준비를 하며 무럭무럭 클 수 있는 최고의 환경이 필요한 곳이다. 그런데 우리 주변에는 유치원에 가지 않으려고 떼쓰는 아이, 통원 버스를 타기 싫어해 엄마들이 억지로 태워 보내는 아이, 심지어 3개월 동안이나 급식을 먹지 않고 자폐증에 걸린 아이까지 있는 실정이다. 하지만 우리 유치원에는 그런 아이들이 없다. 자랑이 아니라 다른 유치원에서 문제가 생겨 우리 유치원으로 들어 온 아이들도 하루 이틀만 지나면 전부터 다니던 아이들보다 더 활기차게 유치원 생활을 하고 있다.

'무엇 때문일까?'

나는 내 스스로도 놀라운 이런 결과에 대해 깊이 생각해 보았다. 그리고 곧, 내 자신이 자기에 대한 승인의 컵을 가득 채우고 나서야 처음 비전을 보았듯이 어린이들도 자기에 대한 승인의 물로 컵이 가득 채워졌을 때에 비로소 활기차게 된다는 사실을 깨달았다.

2세에서 6세 정도의 시기에 '나는 행복하게 되어 마땅하다.' 라고 자신을 승인하는 것은 대단히 중요한 경험이다.

예를 들어 우리 학원에 들어 온 지 1주일 만에 아토피성 피부염이 깨끗하게 나은 아이가 있었다. 아이의 엄마는 처음에 아이가 놀림 받을까 봐 걱정되어 "여러 아이들 앞에서 피부가 보이지 않도록 해 주세요."라고 얘기했지만 나는 첫날부터 아이가 맨살을 드러내놓고 다른 아이들과 함께 놀도록 했다. 그리고 1주일 후 그 병이 나아버린 것이다. 의학적인 것은 정확히 모르지만 여러 해 경험을 쌓아온 유치원 선생님은 "그런 병은 정신적인 측면도 있는데, 틀림없이 이 아이는 여기에서는 자신이 아토피성 피부염이라도 부끄럽지 않다고 안심했던 게지요."라고 말했다.

또 나는 아이들이 이야기를 하는 동안에 자신도 몰랐던 여러 가지 자신의 모습을 발견할 수 있다는 생각으로 월요일을 '이야기의 날' 로 정하여 아무 커리큘럼도 짜지 않고 그저 주말에 있었던 즐거웠던 일, 자랑거리, 슬펐던 일, 아버지에 대한 험담 등, 무엇이든 괜찮으니까 아이들이 돌아가며 하고 싶은 이야기를 하도록 했다. 그런데 어느 날 늘 주위가 산만하던 두 살 반 된 남자 어린이가 자기도 말하겠다고 앞에 나섰다. 꿈을 꾼 이야기였는데 "어제 아빠와 비행기로 물건을 사러 갔었습니다."라고 상당히 힘차게 이야기했다.

마침 참관 수업을 온 엄마들은 "저렇게 어린 아이에게까지 이야기를 시키는 것은 무리 아닌가요? 이렇게 오랜 시간 이야기를 하게 하면 아이들이 지루해 하지 않나요?" 하며 걱정을 했지만 나는

238

"나이도 어리고 평소에 주위가 굉장히 산만하던 저 아이도 자기의 얘기를 저렇게 당당히 할 수 있게 되었습니다."라며 나의 교육 의도를 확실하게 밝혔고 곧 엄마들은 눈을 빛내며 내 말에 공감을 표시했었다.

그리고 나는 엄마들에게 급식시간에 있었던 에피소드도 얘기해 주었다. 어떤 아이가 내게로 와서 "저 아이가 남기는 것을 먹고 싶어요."라고 말했었는데 나는 "네가 스스로 그 아이에게 먹고 싶다고 말하지 않으면 아무도 주지 않아요."라고 말해 주었다. 나는 이처럼 아이들끼리 대화하도록 하는 것을 중요시하고 있다. 자기 스스로 말해서 결국 얻지 못하거나 달라고 해도 주지 않았던 아이도 역시 전부 다 먹지 못하게 되는 등, 이런저런 일이 생기는 가운데 아이들은 커뮤니케이션에 의하여 여러 가지 일을 배우고 있다고 생각한다. '원하는 것을 원한다고 말 할 수 있다, 싫은 것은 싫다고 할 수 있다.' 는 것이 가능하게 되면 장래, 따돌림 문제와 만났을 때에도 도움이 될 것이다.

나는 혼자서 묵묵히 제 할 일만 하는 것은 좋지 않다고 생각한다. 이렇게 엄마들에게 교육과정을 구체적으로 설명하고 그 효과에 대해 같이 기뻐할 수 있는 환경이 중요한 것이다.

그래서 나는 처음 아이를 데려오는 부모들에게 "어머니는 어떤 유치원을 희망하십니까?, 어떤 어린이가 되면 좋겠습니까?"라고 질문한다. 그러면 이것저것 탐색하는 듯 하던 부모들의 눈이 문득 멈추고 자신 속으로 의식이 향하는 것을 볼 수 있다. 나는 이렇게 부모와 함께 하는 유치원이 되었을 때 아이들에게 정말 최고의 환경을 제공할 수 있다고 생각한다.

* * * * *

이 사례에서 원장 선생님은 먼저 자신을 승인하고 그에 따른 비전을 찾았기 때문에 정말 의욕적으로 유치원을 꾸릴 수 있었다. 그리고 유치원의 교육 방침에 대해 불안해 하는 엄마들에게 '이런 의도로 하고 있습니다' 라고 구체적으로 설명함으로써 이해를 구하고 역시 적극적인 호응을 얻을 수 있었다. 이처럼 NLP는 시간을 들여 무엇인가를 이루어 간다기보다 어떤 긍정적인 그림이 보였을 때 한 순간에 의식이 바뀌는 아주 놀라운 방법이다.

'가르치지 않고 가르치는 교육'의 실천

다케다 데츠이치(武田 哲一) – 전문대학 부학장

　전문대학은 학생들에게 기술이나 지식을 획일적으로 주입하는 곳이라고 흔히들 생각한다. 교과서에 있는 지식을 일방적으로 가르치고 그 결과로서 자격증을 따게 하는 것이 전문학교의 교육이라고 생각하는 것이다. 그러나 나는 항상 '가르치는 것만이 아니라 알아차리게 하는 교육'의 필요성을 느끼고 있었고 NLP에 접했을 때 바로 '이것이다'라는 기분이 들었다. NLP는 '가르치지 않는 교육기법'이었고 이론으로 가르치는 것이 아니라 상대방으로부터 무언가를 이끌어 내는, 즉 상대방 속에서 무엇인가가 일어나게 하는 그러한 교육방법이었기 때문이다.

　그래서 나는 교직원 연수과정에 NLP를 넣었다. 그리고 연수를 받은 선생님들이 학교로 돌아와 실제로 '학생들에게 스스로의 미래를 보게 한다, 학생 자신이 바라고 있는 것을 말하게 한다'는 식의 교육을 시작하였고 지식이나 기술에 더하여 학생들이 스스로 주체성을 가지고 자기의 마음을 움직일 수 있도록 훈련시키는 교육에 대하여 생각하게 되었을 때 나는 무척 뿌듯함을 느꼈다.

　'진급을 할 수 없을 것 같다, 졸업을 할 수 없을 것 같다'며 걱정하는 학생과의 만남은 단지 10분에서 20분 정도이지만 NLP를 통해 그런 학생들이 순식간에 자신감을 찾는 경우가 많다.

예전에 교육자재를 부숴버린 어떤 여학생과 면담했을 때의 일이다. 그 아이는 잘못은 빌지도 않고 "내가 부순 것이 아니에요." 라고 변명하며 "그 선생님이 항상 나를 못살게 굴어서 이렇게 되었어요."라며 울기만 했다. 그래서 나는 "정말로는 어떻게 하고 싶었던 거지요? 이제부터는 어떻게 했으면 좋겠어요? 그 선생님도, 이 학교도…"라고 질문했고 그 아이는 학교에 있는 기계, 건물, 선생님 모두가 자신의 목표를 위하여 존재하고 있다는 사실을 쉽게 깨달았다. 그리고 그 학생은 그 때부터 바뀌었다. 더 이상 문제를 일으키지 않았고 자신을 위해 존재하는 학교의 모든 것들을 아끼게 되었다. 이렇게 면담이 잘 이루지면 내 스스로는 '해냈다! 라는 자신감이 생겨 학생들을 좀더 즐겁게 대할 수 있었고 그럴수록 학생들과의 관계도 좋아졌다.

한편 NLP는 선생님들에게도 '이렇게 해라, 저렇게 해라.' 라고 명령이나 금지만 하는 것이 아니라 자주적으로 어떠한 교육을 하고 싶은지, 그리고 그렇게 하려면 어떻게 해야 하는지를 발견할 수 있게 해준다.

간호사 출신의 어떤 선생님은 학생들에게 '철저히 훈련시킨다, 주입시킨다.' 는 측면만을 강조하여 굉장히 무서운 선생님으로 알려져 있었는데 NLP 트레이닝을 받고 나서 교육 자세가 상당히 바뀌었다. 먼저 학생들을 대하던 엄격한 말투가 부드럽게 변했고 그러자 학생들도 그 선생님을 잘 따르게 되었다.

나 또한 부학장으로서 학교라는 하나의 집단을 짊어지고 있다는 중압감에 시달렸지만 지금은 내가 학교에서 아이들과 함께 지낼 수 있다는 사실에 의의(意義)를 느끼게 되었다. 이와 같이 한 사람의 시각이 바뀜으로써 모든 측면에서 변화가 일어났던 것이다.

＊　＊　＊　＊　＊

다케다 선생님은 먼저 자신이 NLP와 만나고 그것을 직원 연수에 채택하여 현장의 선생님들에게 적극적으로 NLP를 알렸다. 이렇게 선생님들에게 NLP가 전해져 교실에서 그 성과가 나타나자 계속해서 NLP를 배우고 더욱 적극적으로 실천하려는 또 다른 선생님들이 생겨나고 있는 것이다. 교육 기관이 갖는 영향력을 생각할 때 이는 정말 바람직한 일이 아닐 수 없다. 일선에서 가르치고 있는 선생님들뿐만 아니라 다케다 선생님 같은 관리자 입장에 있는 선생님들도 NLP를 알게 되면 학생들에게 가까이 다가가 원하는 상태를 묻고, 구체적으로 미래를 보게 하여, '이끌어내는 교육'을 시작할 수 있기 때문이다.

옮긴이의 글

육체적인 죽음(간암)으로 인하여 사회적인 죽음(퇴직)을 이어서 맞은 저의 지난 '98년, 짙은 세기말의 어수선한 분위기와 함께 특히 IMF라는 유난히 어두운 터널 속에서 내가 사는 이 땅은 모든 것이 어지러운 상황이기는 했지만, 그 해는 제게는 이제 더는 없을 만큼 참담한 현실의 현장이었습니다.

모든 것이 평온하고 안정된 나날이 흐르던 어느날 갑자기 앞서거니 뒤서거니 하며 찾아온 그 두 가지의 죽음을 마주 대하고 저는 그야말로 망연자실하였습니다.

그 상태에서 벗어나고자 폴 발레리의 시 '해변의 묘지'의 한 귀절,

'바람이 인다! … 살려고 애써야 한다!'

를 되뇌이며 강릉의 해변 묘지에서 바다를 바라보며 불어오는 바람을 맞으며 '이 모든 현실은 나에게 있어 과연 무엇일까?' 하고

생각해 보았습니다.

그러면서 다시 그 시의 한 귀절,

'자기에 대한 사랑일까 아니면 미움일까?'

·에 대하여 생각해 보았습니다. 저에게 닥친, 주어진 이 되돌이키고 싶어도 되돌이키지 못하고 바꾸고 싶어도 바꿀 수 없는 이 엄연한 사실은 제게 무엇을 가르쳐주려고 하는 것인가를 곰곰이 생각해 보았습니다.

그 후, 우연한 기회에(라고 일단 이렇게 표현하지만 저는 전혀 우연이라고 생각하지 않습니다. 저를 이끌어 주시는 존재의 필연적인 인도라고 믿습니다.) NLP를 알게 되었습니다. 그로부터 참 신기할 정도로 NLP와의 만남이 거듭 이루어졌습니다. 저와 NLP와의 접촉은 무엇 하나 방해 받거나 헝클어짐 없이 차례로 이어졌습니다.

NLP를 체험하며 저는 오늘 이렇게 살아 있습니다. 그것도 육체적인 죽음, 사회적인 죽음을 맞기 이전보다 모든 면에서 더욱 건강하고 활기차게 살아 있습니다.

저는 제가 온 몸으로 체험한 이 NLP를 좀더 많은 분들에게 알려 드리고 그것을 필요로 하시는 분들에게 좀더 큰 도움이 되어드리고 싶습니다. 그래서 우선 이 책을 선택하여 그 첫 발걸음을 시작하고자 하는 것입니다. 앞으로도 여러 가지 형태로 제 힘이 자라는 한 독자 여러분들에게 이 약속을 지켜드릴 것을 다짐합니다.

NLP는 거대한 코끼리와 같습니다. 몇 마디 말로 그 전모를 설명한다는 것은 그야말로 '장님 코끼리 만지듯' 하는 결과에 지나지 않게 됩니다. 제가 군이 NLP에 대하여 한 말씀 드린다면,

'사람을 가장 사람답게, 더욱이 가장 그 사람답게, 또 그 사람이 이룰 수 있는 모든 것을 바로 그 사람 자신이 그 사람의 최고의 상태(엑설런트 스테이트)로 이룰 수 있게 하는, 그리고 그것을 지속적인 최고의 삶(엑설런트 라이프)으로 실현할 수 있게 하는 일련의 체계' 라고 하고 싶습니다.

저는 지금 그 도상에 있습니다.

지금 세상은 온통 정보화 시대로 치닫는 와중에서 사람들의 마음은 물질만능 주의의 풍조에 휩쓸려 자신의 아이덴티티마저 상실한 채 제대로 된 가치관과 신념을 갖지 못하고 표류하고 있는 것 같습니다.

모두 제대로 되어있지 않은 환경을 한탄하고 무질서하고 버릇없는 행동을 비판하며 보잘 것 없는 능력을 과시하며 자신의 힘에만 의존하여 애를 쓰며 살아가려고 하는 것 같습니다.

이제 여기 NLP를 알게 되신 독자 여러분들을 진심으로 환영하며 축하드립니다. NLP를 통하여 당신의 새로운 삶을 실현해 보시기 바랍니다. 이제까지 보다 몇 배, 아니 이루 말할 수 없을 만큼의 배수로 더 커진 커다란 가슴 벅찬 변화를 체험하고 얻게 되실 것입니다. 당신은 지금 그 제1보를 내딛으신 것입니다.

그리고 저에게 NLP의 길을 열어주신 '주식회사 학습과 혁신 (LNi consulting)'의 허일강 소장님, 보다 넓은 세계를 보여주신 전경숙 교수님, 기꺼이 감수를 맡아주시며 실용적인 활용의 모범이 되어주신 유기섭 박사님, 특히 오늘의 제가 있기까지 가르치고 이끌어주시며 번역을 흔쾌히 허락하여 주신 호리이 케이(堀井惠) 선생님 등 모든 분들에게 깊이 감사드립니다.

끝으로 제가 태어나 살아오면서 저의 삶에 관계하였고 오늘의 제가 있도록 크고 작은 영향을 미친 모든 분들에게도 진심으로 감사의 인사를 보냅니다. 이 책을 보시면 연락 바랍니다. NLP 속에서 다시

'온통 불 밝혀진 맹렬한 생명을…'

(폴 발레리의 '뚜렷한 불꽃이' 中)

그리고 살아있음의 기쁨과 사랑을 나누고 싶습니다.

옮긴이 심 교 준

NLP 프로그램 소개

국제 공인 NLP 프랙티셔너 양성 코스

전체 4단계, 12일간

● 실천이 가능하도록 철저한 실습 위주와 알찬 텍스트를 근거로 한 교육 진행을 통하여 NLP의 기본 스킬을 배우면서 NLP 스킬 학습은 물론, 뉴로로 지컬 레벨 이론에 바탕을 둔 개인의 내적 의식 세계를 재편성하여 긍정적인 아이덴티티 확립을 통한 셀프 이미지 형성과 명확한 비전 설정 및 커뮤니케 이션 개념의 재인식과 중요 스킬 체득으로 인생에 대한 새로운 신념 / 가치 관을 구축하며 NLP 스킬 학습 자체만이 아니라 자기 성장과 치유까지를 체 험하게 하는 깨달음과 감동의 12일간입니다.

● 기본적으로는 국제 공인 NLP 프랙티셔너 양성을 목표로 하는 과정이 지만 NLP 그 자체만 학습하고자 하는 분, 일부 내용만 배우고자 하는 분, 혹 은 학습시간에 제약을 느끼는 분을 고려하여 4가지 코스로 나누어 진행합 니다.
따라서 반드시 4가지 코스를 모두 이수할 부담은 없으며, 본인의 필요에 따 라 시기에 관계 없이 해당 코스를 유연하게 선택하여 배울 수 있는 장점이 있습니다.

1_ NLP OAF Start Line 코스 : 2일간

NLP의 연혁 / 사고방식, 기초 개념 / 스킬을 습득하게 됩니다.
단지 NLP가 어떤 것인지 알고 체험하고 NLP 기초 개념과 스킬을 일상생활에서
활용하고자 한다면 이 코스만으로도 충분합니다.

2_ NLP 비전 코스 : 4일간

뉴로로지컬 레벨에 대한 철저한 이해와 NLP 기법을 활용한 개인 아이덴티티 확립
으로 반듯한 셀프 이미지 형성을 통하여 명확한 비전을 설정하게 됩니다.
아울러 스피리츄얼 레벨에서의 나눔과 공헌을 자각하여 인생에 대한 목적과 방향
을 새삼스럽게 모색하게 됩니다.

3_ NLP 커뮤니케이션 코스 : 4일간

애당초 NLP는 상담 커뮤니케이션을 모델링하여 개발된 만큼 이 코스를 통하여 커뮤
니케이션에 대한 풍부한 스킬뿐만 아니라 개인의 메타 프로그램 등 타인의 언어 맵에
대응하며 내면의 심층을 헤아리는 유연한 커뮤니케이션을 도모할 수 있는 실용 기법
을 학습하게 됩니다.

4_ NLP 인테그레이션 코스 : 2일간

이상의 3가지 코스를 모두 학습한 뒤 시기에 관계없이 언젠가 전문적인 영역에서 스
킬을 발휘하고 싶다면 본 코스를 이수하여 국제 공인 NLP 써티피케이트를 발급 받을
수 있습니다.
우리나라에서는 아직 NLP가 널리 알려지지 않았지만 홍콩, 대만 등에서는 NLP 써티
피케이트 보유자는 기업 입사시험에서 토익 고득점자와 같은 대우를 받고 있습니다.
21세기는 자격증의 시대이기도 합니다.
저희 한국NLP연구소는 생활과 업무에서 충분히 NLP를 실천하는 명실상부한 NLP 프
랙티셔너 배출을 사명으로 삼고 있습니다.

국제 공인 NLP 마스터 프랙티셔너 양성 코스

전체 3단계, 15일간

● 한국NLP연구소의 NLP 프랙티셔너 코스의 학습 방법과 체계를 계승하면서 스킬을 한층 업그레이드하여 더욱 다양하고 훨씬 파워풀하게 구성한 NLP 고급 전문가용 코스입니다. 따라서 NLP 프랙티셔너 코스와 마찬가지로 실천이 가능하도록 철저한 실습 위주와 알찬 텍스트를 근거로 한 교육 진행을 통하여 NLP의 고급 스킬을 배우면서 NLP 스킬 학습은 물론, 보다 심층 속에 묻혀진 개인의 내적 의식 세계를 재구성하여 긍정적인 마인드 셋 확립과 중요 스킬 체득으로 인생에 대한 새로운 패러다임을 구축하며 NLP 스킬 학습 자체만이 아니라 자기 치유와 타인에 대한 용서까지를 체험하게 하여 존재에 대한 축복을 느끼고 깨달음과 감동을 맛보는 15일간입니다.

기본적으로는 국제 공인 NLP 마스터 프랙티셔너 양성을 목표로 하는 과정인 만큼 3 가지 코스 모두를 학습하기를 권장합니다. 단지 학습시간 등에서 제약을 느끼시는 분을 고려하여 3가지 코스로 나누어 진행합니다.

본인의 편의에 따라 시기를 고려하여 유연하게 선택하여 배울 수 있으며 3 가지 코스 중 어느 코스부터 먼저 수강해도 관계없습니다.

(상세 내용은 홈페이지를 참조 바랍니다)

NLP 응용 코스

● NLP는 당초 1970년대 초반까지의 각종 상담 스킬 가운데 가장 뛰어난 에센스를 모델링하여 탄생하였지만 현재는 그 적용 범위가 가히 인간생활 전반에 긍정적인 영향을 미치고 있다고 해도 과언이 아닐 정도입니다.

왜냐하면 인간의 의식 세계와 뇌의 메커니즘을 고도로 활용하고 있기 때문입니다.

따라서 이러한 기본 사고방식, 스킬의 응용을 바탕으로 다양한 컨텐츠와 구조적인 적합성을 확보한 상태의 효과적, 효율적인 많은 응용 프로그램이 준비되어 있습니다.

1. NLP 리더십 / 매니지먼트 코스   2. NLP 경영자 코칭 코스
3. NLP 중간 리더 / 관리자 코칭 코스   4. NLP 세일즈 / 영업 코스
5. NLP 서비스 리더 코스   6. NLP 비전 설정 코스
7. 커뮤니케이션 코스   8. 창의력 코스

(상세 내용은 홈페이지를 참조하거나 한국NLP연구소로 문의하시면 됩니다)

한국NLP연구소 http://www.nlpkorea.kr
NLP트레이너 심교준 HP : 010-2257-6453
e-mail : nlpshim@daum.net

저자에 대하여

호리이 케이(堀井 惠)

NLP 카운슬러, 트레이너
NLP 마스터 프랙티셔너
일본 스트레스 매니지먼트협회 회원

1963년 成城대학 경제학부 졸업
1974~1980년 캐나다 토론토 YWCA에서 이민자를 위한 카운슬링 담당
1987~1992년 일본에서 외자계 세미나 회사의 트레이너
1993년 케이 컨설팅 설립. 모티베이션, 카운슬링을 중심으로 연수, 컨설팅에 종사
1997년 일본 NLP 연구소 설립. 연구소 대표

전화 : 03-5696-2003 | 팩스 : 03-5605-4357
홈페이지 : http://www.nlpij.co.jp | 이메일 : info@nlpij.co.jp

감수자에 대하여

유 기 섭(柳基燮)

미국 보스톤(Boston)대학교 졸업(교육학 석사, 박사)
중앙대학교 사범대학장
중앙대학교 대학원장
새한 신문사 논설위원
한국 카운슬러협회 회장
한국심리과학 연구소장
현 중앙대학교 명예교수

저서 : 교육심리학, 기능의 교육(공저), 생활지도(공저), 심리검사의 활용(공저)

역자에 대하여

심 교 준(沈敎俊) 박사

NLP 트레이너, NLP 마스터 코치. 에릭소니언 히프노테라피스트.
심리치료학, 신경언어학, 범죄학을 전공하였다.
20년간 기업체에서 근무한 경험을 바탕으로 10여 년 동안 인간에 대해 탐구하였
다. NLP를 비롯하여 에니어그램 등 심리와 커뮤니케이션 분야를 연구하였고,
1999년부터 이 땅에 올바른 NLP의 씨앗을 뿌리고자 한국NLP연구소를 세웠다.
현재 일반인, 기업체, 공무원, 대학교, 병원 등에 NLP를 보급하고 있다.
NLP 창시자 리처드 밴들러 박사와 존 그린더 교수에게서 사사받은 국내 유일의
NLP트레이너로서, NLP의 핵심과 본질에 가장 근접한 강의를 통해 정통 NLP를
전달하고 있다.
또 마스터 코치로서 심리코칭을 통해 경영자, 직장인, 주부, 학생 등의 심리적 문
제(부부문제, 자녀문제, 진로문제, 우울증, 자신감 회복, 금연 등)를 해결하는 데
도움을 주고 있다. 아울러 서울가정법원의 국선보조인, 청소년보호위원으로서
청소년 문제 해결에 기여하고 있다.
광운대, 상지대(원주), 남서울대, 관동대 등 출강.

홈페이지 : 한국NLP연구소 http://www.nlpkorea.kr
이메일 : nlpshim@daum.net | 전화 : 010-2257-6453 | 팩스 : 02-403-8404

● NLP 관련 사항

NLP 창시자 Richard Bandler 공인 NLP 트레이너(The Society of NLP)
NLP 계승자 Christina Hall 공인 NLP 트레이너(The Society of NLP)
NLP 창시자 John Grinder 공인 NLP 트레이너(The Society of NLP)
NLP 제2세대 Robert Dilts NLP Health코스 이수(NLP University)
일본 Horii Kay NLP 마스터 프랙티셔너, 프랙티셔너 수료(NLP Institute of Japan)
Milton Erickson Foundation 공인 Ericksonian Hypnotherapist (Milton
Erickson Foundation)
Ericksonian 계승자 Stephen Gilligan Trans Camp 수료(Voice Japan)
미국 최면협회장 Richard Neves 공인 Hypnotherapist(American Board of
Hypnotherapy)

그래도 당신을 이해하고 싶다

데보라 태넌 지음 / 정명진 옮김 / 신국판 344면 / 값 13,900원

남녀간의 불협화음, 충돌의 90%는 대화방식의 차이에서 온다.

남자와 여자는 몸뿐만 아니라 생각도, 언어도 너무 다르다.
여자는 대화를 통해 서로의 친밀감을 확인하려 하는 반면,
계급구조에 익숙한 남자들은 대화를 통해 우위나 독립을 획득하려고 한다.
남자는 말 그 자체를 중요시하는 데 비해, 여자는 말의 속뜻을 생각한다.
여자는 대화를 통해 공감과 위로를 얻고자 하지만, 남자는
해결책을 제시하거나 충고를 하려 든다.
세계적인 언어학자 데보라 태넌 교수가 알려주는
남자와 여자의 너무 다른 언어의 세계!
이제는 서로의 성(性)방언을 이해하라! 언어를 알면 사랑이 보인다!

한 언 HANEON.COM

대화의 협상의 마이더스, 스토리텔링

아네트 시몬스 지음 / 김수현 옮김 / 신국판 325면 / 값 13,900원

어떤 화려한 언변보다 강력한 도구, '스토리'의 힘을 아는가?

사실과 진실만으로는 마음을 전달할 수 없을 때, 당신을 좀더
인상적으로 프레젠테이션하고 싶을 때, 마음을 열지 않으려는 상대를
무장해제시키고 싶을 때, 어떤 논리도 설득도
통하지 않을 때 '스토리'로 끌어들여라!
이제 일방적이고 직설적인 화법으로 이야기하던 시대는 지났다.
프레젠테이션, 면접, 강의, 연설, 협상에 이젠 스토리텔링을 활용하라!
어떤 논리와 달변보다 당신의 이야기를 수백 배 감동적으로
만들어 줄 것이다. 설득하려 들지 말고 스토리로 우회하라!
상대가 스스로 가슴을 열고 느끼게 하라!

Tel. 02-701-6911 / E-mail. haneon@haneon.com

한언의 사명선언문

Our Mission

—. 우리는 새로운 지식을 창출, 전파하여 전 인류가 이를 공유케 함
   으로써 인류문화의 발전과 행복에 이바지한다.

—. 우리는 끊임없이 학습하는 조직으로서 자신과 조직의 발전을 위
   해 쉼없이 노력하며, 궁극적으로는 세계적 컨텐츠 그룹을 지향한
   다.

—. 우리는 정신적, 물질적으로 최고 수준의 복지를 실현하기 위해 노
   력하며, 명실공히 초일류 사원들의 집합체로서 부끄럼없이 행동
   한다.

Our Vision   한언은 컨텐츠 기업의 선도적 성공모델이 된다.

저희 한언인들은 위와 같은 사명을 항상 가슴 속에 간직하고
좋은 책을 만들기 위해 최선을 다하고 있습니다.
독자 여러분의 아낌없는 충고와 격려를 부탁드립니다.

- 한언가족 -

HanEon's Mission statement

Our Mission

—. We create and broadcast new knowledge for the advancement and
   happiness of the whole human race.

—. We do our best to improve ourselves and the organization, with the
   ultimate goal of striving to be the best content group in the world.

—. We try to realize the highest quality of welfare system in both
   mental and physical ways and we behave in a manner that reflects
   our mission as proud members of HanEon Community.

Our Vision
HanEon will be the leading Success Model of the content group.